Weiterführend empfehlen wir:

Selbstsicher reden –
Selbstbewusst handeln
ISBN 978-3-8029-3978-5

Geschickt kontern:
Nie mehr sprachlos!
ISBN 978-3-8029-3989-1

Kontakte knüpfen
und beruflich nutzen
ISBN 978-3-8029-3984-6

Reden macht Leute
ISBN 978-3-8029-3851-1

Redetraining als
Persönlichkeitstraining
ISBN 978-3-8029-4666-0

Raus aus der Stressfalle
ISBN 978-3-8029-3983-9

Wir freuen uns über Ihr Interesse an diesem Buch. Gerne stellen wir Ihnen zusätzliche Informationen zu diesem Programmsegment zur Verfügung.

Bitte sprechen Sie uns an:

E-Mail: WALHALLA@WALHALLA.de
http://www.WALHALLA.de

Walhalla Fachverlag · Haus an der Eisernen Brücke · 93042 Regensburg
Telefon (09 41) 56 84-0 · Telefax (09 41) 56 84-1 11

Gudrun Fey

Gelassenheit

siegt!

Mit Fragen, Vorwürfen,
Angriffen souverän umgehen

13. Auflage

Bibliografische Information der Deutschen Nationalbibliothek

Die Deutsche Nationalbibliothek verzeichnet diese Publikation in der Deutschen Nationalbibliografie;
detaillierte bibliografische Daten sind im Internet über http://dnb.d-nb.de abrufbar.

Zitiervorschlag:
Gudrun Fey, Gelassenheit siegt!
Walhalla Fachverlag, Regensburg 2011

13. Auflage

Produktion: Walhalla Fachverlag, 93042 Regensburg
Umschlaggestaltung: grubergrafik, Augsburg
Druck und Bindung: Westermann Druck Zwickau GmbH
Printed in Germany
ISBN 978-3-8029-4500-7

SBL-WD2-1111-387-0

Schnellübersicht

So bleiben Sie souverän

Sie sind unfairen Fragen, Vorwürfen und Angriffen nicht hilflos ausgesetzt. Auch in der schwächeren oder vermeintlich schwächeren Position haben Sie Chancen und Möglichkeiten, um sich angemessen zur Wehr zu setzen. Wichtig dabei ist, dass letztlich nicht Schlagfertigkeit siegt, sondern Gelassenheit und Souveränität.

Schlagfertigkeit ist oft Imponiergehabe und erinnert an einen Orang-Utan, der sich mit seinen Fäusten auf die Brust trommelt, um zu demonstrieren, wie groß und stark er ist. Sicher ist eine schlagfertige Antwort manchmal im Moment sehr befriedigend: „Hach, dem habe ich es aber gegeben!" Doch ist das eine kluge Reaktion? Deshalb lieber Strategien einsetzen, die eine Eskalation verhindern und Gelassenheit demonstrieren.

Anliegen dieses Buches ist, Ihre emotionale Intelligenz zu trainieren; denn für deren Entwicklung fühlen sich weder Schule noch andere Institutionen zuständig. So bleibt es jedem Einzelnen überlassen, wie sich seine emotionale Intelligenz entwickelt. Es lässt sich jedoch inzwischen statistisch beweisen, dass nicht die den größten Lebenserfolg erzielen, die mit einem besonders hohen Intelligenzquotienten ausgestattet sind, sondern diejenigen, die ihre Gefühle im Umgang mit anderen Menschen intuitiv und gezielt richtig einsetzen.

Ziele des Buches sind:

- Kenntnisse zu vermitteln darüber, wie Sie sich bei provokanten Fragen, Vorwürfen und persönlichen Angriffen souverän selbst behaupten. Allein dieses Wissen vermittelt Ihnen eine gewisse Gelassenheit.

- In bisher für Sie kritischen Situationen tatsächlich auch souverän zu reagieren, anstatt die Nerven zu verlieren oder „durchzudrehen".

- Zukünftig einen Konflikt zu entschärfen statt ihn zu verschärfen. Es sollte Ihnen in solchen Situationen nicht darauf ankommen, den anderen zu „besiegen"; denn dann gibt es immer auch mindestens einen „Verlierer". Und dieser Verlierer wird leicht zum Feind. Da Sie jedoch meist schon genug Menschen um sich haben, die Ihnen nichts Gutes wollen, müs-

1

sen Sie die Zahl Ihrer Feinde nicht ohne Not erhöhen, denn: „Deine Feinde bleiben Dir treu, doch Deine Freunde selten." (Machiavelli) – Es ist also sinnvoll, sich nicht durch eine unbedachte Reaktion mehr Feinde zu machen als notwendig.

■ Gelassenheit zu erreichen, um damit mehr Energie für die Dinge im Leben zu haben, die Ihnen Erfolg bringen oder Spaß machen. Dazu dienen einige „Anti-Ärger-Strategien".

■ Sich vor allem nie wieder als Opfer zu fühlen: „Da kann man halt nichts machen, da muss man sich in sein Schicksal fügen." Die Opferrolle ist negativ, weil der Stress dann für Sie am größten ist. Opfer sind unfähig zu handeln. Sie blockieren sich selbst.

Um diese Ziele zu erreichen, werden Sie erfahren, dass Sie grundsätzlich drei Möglichkeiten haben zu reagieren: „Change it, love it or leave it" („ändern", „lieben" oder „verlassen"). Das ist die gute Botschaft. Die vermeintlich schlechte Botschaft lautet: Selbst wenn Sie diese drei Möglichkeiten systematisch nutzen, werden Sie nicht immer erreichen, dass andere Menschen ihr Verhalten Ihnen gegenüber ändern. Trotzdem werden Sie sich besser fühlen, wenn Sie wissen, Sie haben sich souverän selbst behauptet und alles getan, was in Ihrer Macht stand. Damit haben Sie Ihre Selbstachtung, die Achtung vor sich selbst, auf jeden Fall erhalten. Allein durch diese Erkenntnis werden Sie gelassener und sich seltener ärgern.

Was bedeutet souveräne Selbstbehauptung?

Souveräne Selbstbehauptung ist mehr als nur eine schlagfertige Antwort. Sie umfasst im Prinzip vier mögliche Reaktionen:

■ In angemessener Weise sofort kontern, das heißt schlagfertig sein im positiven Sinn.

■ Den Angriff ins Leere laufen lassen, das heißt die andere Person provoziert Sie, und Sie lassen sich nicht darauf ein.

■ Sie halten stand und behaupten sich selbst, etwa in Form einer „Ich-Botschaft".

■ Sie gewinnen Zeit und reagieren dann, wenn es Ihnen passt und Sie sich darauf vorbereitet haben.

1

Ich freue mich, wenn Sie das Buch durcharbeiten und davon profitieren. Besonders freue ich mich über Ihr persönliches Feedback. Schreiben Sie mir oder rufen Sie mich an, sagen Sie mir, was Ihnen gefällt beziehungsweise was noch verbessert werden sollte.

Wenn Sie das Gelesene praktisch vertiefen wollen, können Sie sich auch nach Seminaren zu diesem Thema erkundigen.

Viel Erfolg und gutes Gelingen!

Dr. Gudrun Fey

Dr. Gudrun Fey
c/o **study & train**
Gesellschaft für Weiterbildung mbH
Möhringer Landstraße 36
D-70563 Stuttgart
Telefon: 0711/716 82 86, Fax: 0711/716 82 87
Internet: http://www.study-train.de
E-Mail: info@study-train.de

Warum es so schwer ist, souverän zu reagieren

2

Gefühle sind oft stärker als der Verstand

Es ist ein Mythos, eine Wunschvorstellung, zu glauben, der Mensch lasse sich von seinem Verstand leiten. Obwohl das allen bewusst ist, hält man unentwegt daran fest. Vielleicht braucht man diesen Mythos für die Selbstachtung. Denn der Verstand ist es doch, der uns von den Tieren unterscheidet, oder? Und wie wird dieser Mythos gerettet? Durch Selbstmanipulation; denn man pflegt gefühlsmäßige Entscheidungen meist zu rationalisieren. Da sich für jede Entscheidung vernünftig erscheinende Gründe finden lassen, wirkt eine gefühlsmäßige Entscheidung im Nachhinein manchmal so einleuchtend, dass Sie damit nicht nur andere überzeugen, sondern auch sich selbst. Sie lügen sich damit in die eigene Tasche.

Erst wenn Sie diesen Irrglauben, der Mensch sei ein vernunftgesteuertes Wesen, ablegen, sind Sie frei, Ihre Gefühle mit Hilfe Ihres Verstandes – etwa was die Bewertung anbelangt – für Sie günstig zu beeinflussen.

Gefühle entstehen durch unsere Bewertung

„Nicht die Dinge selbst beunruhigen die Menschen, sondern die Vorstellungen von den Dingen." (Epiktet)

Gefühle entstehen nicht aus dem Nichts, Gefühle entstehen aufgrund der Bewertung einer Situation.

Vegetarier empfinden beim Anblick eines gegrillten Hähnchens Ekel, allein der Duft kann bei ihnen Brechreiz erzeugen, einem anderen hingegen läuft vor Begierde das Wasser im Mund zusammen. Und daran ist sicher nicht das Hähnchen schuld, oder? Zumal vielleicht auch Vegetarier als Kind gern Hähnchen gegessen haben. Diese Bewertungen entwickeln Sie aufgrund dessen, was Sie in Ihrem Leben erfahren. Sie übernehmen sie jedoch auch von anderen Menschen oder bilden Sie sich aufgrund von Zeitungsmeldungen, Büchern oder Berichten aus dem Fernsehen. Deshalb können Sie für Ihre Gefühle niemand anders verantwortlich machen als sich selbst.

Angst und Gelassenheit schließen einander aus

„Angst existiert nur in unserer Vorstellung ..., deshalb hat der menschliche Geist Macht über sie." (Silva Mind)

Ein wichtiges Gefühl, das man aufgrund der Bewertung in sich erzeugt, ist Angst. Es gibt jedoch keine „Angst" in dieser Welt.

Ein ängstlicher Mensch kann nicht gelassen reagieren, ganz im Gegenteil, es besteht die Gefahr, dass dieser Mensch in Panik gerät und dann völlig falsch reagiert, also beim Autofahren in einer bestimmten Gefahrensituation auf die Bremse tritt, anstatt Gas zu geben.

Es macht deshalb wenig Sinn, die eigene Angst zu leugnen, erst wenn man sie „annimmt" und sich ihr stellt, hat man eine Chance, sie zu verlieren. Als Strategie empfiehlt sich, was Norman Vincent Peale einmal gesagt hat: „Tue, was Du fürchtest, und die Furcht stirbt einen sicheren Tod."

Wichtig: Stellen Sie sich Ihren Ängsten und trainieren Sie „Annäherungsverhalten" statt „Vermeidungsverhalten".

Das Gegenteil von Angst ist Zuversicht – nicht Mut. Und die mangelnde Zuversicht hat etwas mit mangelndem Selbstvertrauen zu tun.

Die eigenen Gefühle richtig verstehen

Manchmal hat man den Eindruck, Gefühle werden „von außen" erzeugt. Sie sagen vielleicht auch manchmal: „**Du** hast mich geärgert" oder „**Du** nervst mich" oder „**Du** machst mich glücklich". Sie gehen also davon aus, dass andere Menschen durch ihr Verhalten in Ihnen diese Gefühle auslösen. Das ist ein Irrtum! Denn Sie empfinden in vergleichbaren Situationen nicht immer das Gleiche.

Beispiel:

Früher habe ich mich darüber gefreut, dass wir zu jedem Fest von der Schwiegermutter eine Flasche Eierlikör bekommen haben. Doch nachdem inzwischen sechs Flaschen darauf warteten, getrunken zu werden, fand ich es nicht mehr lustig, beim nächsten Besuch wieder eine Flasche Eierlikör geschenkt

2

zu bekommen, sondern ärgerte mich. Doch sagte ich ihr das? Nein. Stattdessen fand ich jemanden, der von seiner Schwiegermutter regelmäßig beim Besuch einen Beutel „Russisch Brot" geschenkt bekam. Da ich Russisch Brot sehr gern esse, machten wir einen Deal: Russisch Brot gegen Eierlikör. Das war für mich zwar ein schlechtes Geschäft, aber dennoch besser, als jede Menge Eierlikör im Schrank stehen zu haben.

Diese Geschichte zeigt, man produziert seine Gefühle selbst und sollte sich auch dazu bekennen. Das bedeutet jedoch, Sie können künftig nicht mehr andere Menschen für Ihre Gefühle verantwortlich machen, also etwa nicht mehr guten Gewissens sagen: „Meine Schwiegermutter macht mich wütend, weil sie …", sondern ehrlicherweise sagen müssen: „**Ich** bin sauer auf mich, weil **ich** meiner Schwiegermutter immer noch nicht gesagt habe, dass sie mir keinen Eierlikör mehr schenken soll."

Gefühle sind Tatsachen

Diese These mag kühn erscheinen; denn Gefühle werden gern als etwas Nebulöses und vor allem Unberechenbares hingestellt. Ich behaupte das Gegenteil und erkläre, Gefühle sind etwas sehr „Handfestes" und vor allem Beständiges. Schließlich baut man oft sein Leben darauf auf, wenn man sich entschließt, mit dem Menschen, den man liebt, zusammenzuleben oder ihn gar zu heiraten. Natürlich können sich auch Gefühle wandeln, aber das haben Gefühle mit allem gemein, was uns umgibt: „Das einzig Beständige in unserem Leben ist der Wandel."

Gefühle sind Tatsachen, weil sie sich nicht – wie man sich das gern wünscht – mit dem Verstand wegdiskutieren lassen. Und warum lassen Sie sich nicht wegdiskutieren? Weil sie immer von der Ausschüttung bestimmter Hormone begleitet werden. So lässt sich Ihr gefühlsmäßiger Zustand auch aufgrund Ihrer hormonellen Disposition nachweisen.

Bei einem Menschen, der gerade sehr glücklich ist, finden sich ganz andere Hormone im Blut als bei einem, der sich gerade geärgert hat. Und weil das so ist, macht es wenig Sinn, Gefühle irgendwelcher Art zu negieren oder zu versuchen, sie sich auszureden. Denn das, was man empfindet, ist meist stärker als das, was man mit Worten zu sich sagt. Es kommt vielmehr darauf an, sensibler für die eigenen Gefühle und die anderer zu werden, um zu lernen, besser mit ihnen – Gefühlen wie Menschen – umzugehen.

Achtung: Natürlich kann man Gefühle in Grenzen unterdrücken, was allerdings meistens nur darauf hinausläuft, sie äußerlich zu verbergen. Doch innerlich spürt man die Auswirkungen manchmal nur allzu deutlich. Gerade das Unterdrücken von Wut und Ärger kann körperliches Unwohlsein auslösen.

2

Wie sich Gefühle körperlich auswirken

Dass Gefühle nicht losgelöst vom Körper existieren, sondern ganz im Gegenteil das körperliche Wohlbefinden massiv beeinflussen, zeigt der Zusammenhang zwischen bestimmten Äußerungen und Körperteilen:

- „Da sträuben sich mir die Nackenhaare."
- „Da stehen mir die Haare zu Berge."
- „Das geht mir unter die Haut."
- „Butterweiche Knie bekommen."
- „Da bleibt mir die Spucke weg."
- „Ein Mann/eine Frau sieht rot."
- „Das bricht mir das Herz."
- „Da habe ich den Kopf verloren."
- „Mir ist eine Laus über die Leber gelaufen."
- „Mir platzt gleich der Kragen."
- „Da kommt mir die Galle hoch."
- „Eine Wut im Bauch haben."
- „Die Angst sitzt mir im Nacken."
- „Einen Kloß im Hals haben."
- „Das geht mir an die Nieren."

Was ist das Positive an Gefühlen?

Gefühle bereichern Ihr Leben. Gefühle – positive wie negative – setzen Energien frei. Diese frei gewordene Energie in vernünftige

Bahnen zu lenken, so dass sie Ihnen und anderen nicht schadet, das ist das, was die emotionale Intelligenz ausmacht, oder was man auch als die „Kunst des Lebens" bezeichnen könnte.

2 Selbst depressive Stimmungen setzen Energien frei, nur richten sich diese Energien gegen Sie selbst, so dass sie zur „Autoaggression" werden und Sie seelisch und körperlich krank machen.

Was Gefühle sind

- Gefühle sind Tatsachen, weil sie immer von der Ausschüttung bestimmter Hormone begleitet werden.

- Gefühle lassen sich oft nicht mit Argumenten wegdiskutieren.

- Gefühle beeinflussen unseren Körper.

- Gefühle bereichern das Leben.

- Gefühle – positive wie negative – setzen Energien frei.

- „Kunst des Lebens" bedeutet: Diese Energie positiv nutzen.

Warum Menschen aggressiv reagieren

Menschen neigen zu Aggressionen, wenn sie nicht das bekommen, was sie wollen. Sie meinen dann, mit Gewalt vielleicht doch noch ihre Interessen durchsetzen zu können. Aggressive Handlungen – und dazu gehören auch Vorwürfe und verbale Angriffe – können also hervorgerufen werden durch eine Diskrepanz zwischen dem, was erwartet, und dem, was dann bekommen wird.

Beispiele: ──────────────────────────────

- Sie haben telefonisch ein Hotelzimmer bestellt und erwarten, dass dann auch tatsächlich ein Zimmer reserviert ist. Wenn nicht, werden Sie bestimmt sauer sein und denken: „Schlamperladen" oder Sie sagen es sogar zu der jungen Dame an der Rezeption. Besonders schlimm ist es, wenn kein Zimmer frei ist, weil in dieser Stadt gerade eine Messe stattfindet.

16

■ Als mir das einmal passierte, und ich dann in einem Hotel – einen Kilometer weit entfernt – übernachten sollte, zelebrierte ich einen Aufstand und sagte mit lauter Stimme und aggressivem Unterton: „Das wollen wir doch mal sehen, ob ich bei Ihnen nicht doch ein Zimmer bekomme. Ich bleibe jedenfalls so lange hier an der Rezeption stehen, bis Sie in Ihrem Haus eins für mich gefunden haben." Mein Ziel war, durch diese aggressive Reaktion mein Gegenüber so einzuschüchtern – was zugegebenermaßen nicht sehr nett war –, um doch noch ein Zimmer zu bekommen. Denn ich dachte an den Spruch: „Einem bösen Hund gibt man gern ein Stück Brot." Meine Rechnung ging auf. Ich bekam schließlich eine Suite in der VIP-Etage mit Blick auf den Rhein. Allerdings habe ich mich später bei der Rezeptionistin für mein aggressives Verhalten entschuldigt.

■ Im Rahmen einer Diskussion wollen Sie Ihr Gegenüber davon überzeugen, dass alle Kernkraftwerke bis zum Jahr 2020 abgeschaltet werden müssen. Wenn die andere Person sich nicht überzeugen lässt, dann können Sie das akzeptieren oder schmollen und den Frust in sich hineinfressen und nichts mehr sagen. Sie können aber auch aggressiv reagieren und versuchen, Ihr Gegenüber mit einem persönlichen Angriff „schachmatt" zu setzen.

■ Ich saß mit meinem Mann in der Wirtschaft. Wir stritten uns über irgendetwas. Mir gingen die Argumente aus. Und deshalb griff ich meinen Mann persönlich an: „Schrei' doch nicht so, die Leute gucken ja schon." Da war er erst mal ruhig. Und ich hatte Zeit gewonnen, um mir wieder ein Sachargument zu überlegen. Der Gag war jedoch, dass ich nicht minder lautstark geredet und daher gar keine Berechtigung hatte, ihm seine Lautstärke vorzuwerfen. Aber gewirkt hat es trotzdem.

Achtung: Wenn Menschen die Erfahrung machen, dass sie mit Lautstärke und Geschrei das erreichen, was sie wollen, dann werden sie diese Reaktion öfter zeigen, um ihre Interessen durchzusetzen. Und da viele Menschen – vielleicht auch Sie – mit dieser

Methode schon Erfolg hatten, werden Sie sie bisweilen auch anwenden. Denn ein Verhalten, das belohnt wird, wird öfter gezeigt!

2

Der Wortschatz verrät das Aggressionspotenzial

Machen Sie ein kleines Experiment: Erzählen Sie einem vertrauten Menschen von Ihrer letzten Auseinandersetzung. Vielleicht zeichnen Sie dieses Gespräch sogar mit einem Aufnahmegerät auf und achten darauf, wie aggressiv, ja vielleicht sogar kriegerisch Ihr Wortschatz ist. Denn aufgrund des Wortschatzes eines Menschen lässt sich nicht nur erkennen, ob er eher dem visuellen, auditiven oder kinästhetischen Typus zuzurechnen ist, sondern auch das Aggressionspotenzial, das in einer bestimmten Situation vorhanden ist.

Flogen da nicht die Fetzen? Versuchten Sie nicht, den anderen mundtot zu machen? Aber der schlug zurück und wollte, dass Sie klein beigeben. Sie aber konterten mit spitzer Zunge und geschliffener Dialektik, dass es dem anderen fast die Sprache verschlug. Diese Schlagfertigkeit hatte er nicht vermutet. Das letzte Argument traf ihn wie ein Keulenschlag. Dann aber erkannte er messerscharf Ihre Schwachstellen und griff Sie unter der Gürtellinie an. Jetzt entbrannte der Wortkampf erst recht, als er versuchte, Sie mit Worten niederzumachen. Doch so schnell ließen Sie sich doch nicht kleinkriegen, oder? Zuerst setzten Sie alles dran, den anderen in die Defensive zu drängen und mit einem Wortschwall zu erschlagen, dann schossen Sie Ihre Worte wie Pfeile ab. Daraufhin blieb ihm das Wort im Halse stecken. Schließlich war der andere am Boden zerstört. Sie triumphierten. Endlich hatten Sie ihn „totgeredet".

Praxis-Tipp:

Worte dienen als Waffe. Mit Worten können Sie einen anderen Menschen manchmal mehr verletzen als mit Taten. Deshalb verzichten Sie auf Schimpfwörter und „Verbalradikalismen", denn eine aggressive Sprache wirkt in keinem Fall souverän.

Wie Sie Ihr biologisches Alarmprogramm positiv nutzen

Wenn Sie unfair angegriffen werden, löst dies ein biologisches Alarmprogramm aus, das Menschen in der Urzeit das Überleben sicherte. Es war ursprünglich gedacht, um auf körperliche Bedrohungen angemessen zu reagieren: Wenn man sich dem Gegner überlegen fühlte, wurde das Angriffsprogramm ausgelöst, glaubte man sich hingegen ihm unterlegen, setzte das Fluchtverhalten ein. War keine dieser beiden Reaktionen möglich, bekamen auch die Menschen in der Urzeit ihren „Blackout". Selbst das konnte damals das Überleben eines Menschen sichern. Denken Sie vergleichsweise an das beliebte Kinderspiel „Verstecken". Da war es manchmal sinnvoll, sich „totzustellen", um nicht entdeckt zu werden.

Doch bei den Situationen, die hier behandelt werden, handelt es sich um verbale Angriffe auf Ihre Person und damit letztlich auf Ihre Menschenwürde. Da ist Flucht keine souveräne Reaktion und die Gegenwehr – selbst wenn sie nur mit unflätigen Worten erfolgt – auch nicht. Wenn keine dieser beiden Möglichkeiten passt, was dann? Dann kommt es auch hier wie in der Urzeit zu einer momentanen geistigen „Lähmung", einem „Blackout". Während dieser kurzen Zeitspanne können Sie wegen einer mehr oder weniger stark ausgeprägten Blockierung des Großhirns keinen vernünftigen Satz mehr bilden, sondern höchstens noch Schimpfworte und Flüche von sich geben.

Achtung: Leider ist es manchmal schon zu spät, um zu reagieren, wenn Sie sich wieder unter Kontrolle haben, vielleicht weil die andere Person schon den Raum verlassen oder den Hörer aufgelegt hat. Trotzdem kann es besser sein, Sie reagieren nicht, als dass Sie sich um Kopf und Kragen reden. Das Alarmprogramm selbst können Sie nicht ändern. Doch können Sie lernen, souverän damit umzugehen, anstatt sich zu ärgern, dass Sie mal wieder in einer bestimmten Situation nicht schlagfertig waren.

Wie Sie selbst schon feststellen konnten, wird das Alarmprogramm blitzschnell ausgelöst und versetzt Sie in einen Erregungszustand. Sie spüren, wie Sie innerlich vor Wut kochen. Vielleicht bekommen Sie auch einen roten Kopf und merken, wie der Schweiß ausbricht. Es dauert jeweils einige Minuten, bis Sie sich von einem solchen

Stresshormon-Kick erholt haben. Wie stark Sie auf einen solchen Angriff reagieren, ist eine Frage des persönlichen Aggressionspotenzials, des Selbstwertgefühls und der momentanen Stimmung, in der Sie sich gerade befinden.

2

Übung: „Druck erzeugt Gegendruck"

In meinen Seminaren mache ich gern ein Experiment, um dies zu demonstrieren. Es lässt sich auch zuhause durchführen. Das Einzige, was Sie dazu benötigen, ist eine zweite Person. Sie bitten diese Person, eine Hand hochzuhalten, die Handfläche zeigt zu Ihnen. Sie betonen jetzt noch einmal, dass diese Person die Hand in dieser Stellung lassen soll. Jetzt heben Sie Ihre Hand und drücken gegen die erhobene Hand der anderen Person. Was passiert? Obwohl Sie vorher ausdrücklich gesagt haben, die andere Person möge nichts anderes tun, als die Hand oben zu lassen, hält Sie dem Druck nicht nur stand, nein, in 90 Prozent der Fälle wird auch kräftig zurückgedrückt. Was können Sie daraus schließen? Druck erzeugt Gegendruck. Selbst wenn Sie ihn nicht spüren sollten, weil manche Personen sich nichts anmerken lassen, gehen Sie davon aus, dass eine angegriffene Person immer das spontane Bedürfnis hat, zurückzuschlagen, es jedoch manche Menschen gelernt haben, aus taktischen Gründen eine andere Reaktion zu zeigen.

Irgendwo gibt es für jeden Menschen eine kritische Grenze, bei deren Überschreitung er sich für kurze Zeit nicht mehr voll unter Kontrolle hat. Kommt es dann zu einer Gewalttat, wird der Verteidiger vor Gericht von einem Zustand der verminderten Zurechnungsfähigkeit oder der Unzurechnungsfähigkeit sprechen. In Kommunikationsseminaren wird das gern als „hormoneller Nebel" (der Ausdruck stammt von Vera F. Birkenbihl) bezeichnet, in dem Sie sich in dieser Ausnahmesituation befinden.

Das Alarmprogramm verändert die Sensibilität und die Wahrnehmung

Unter dem Einfluss der Stresshormone nimmt man die Wirklichkeit verzerrt wahr. Eines Morgens wachen Sie auf und stellen fest, Sie haben verschlafen. Das erste, was Sie sagen oder denken, ist vermutlich: „Sch.....e." – Da Sie einen wichtigen Termin haben, ma-

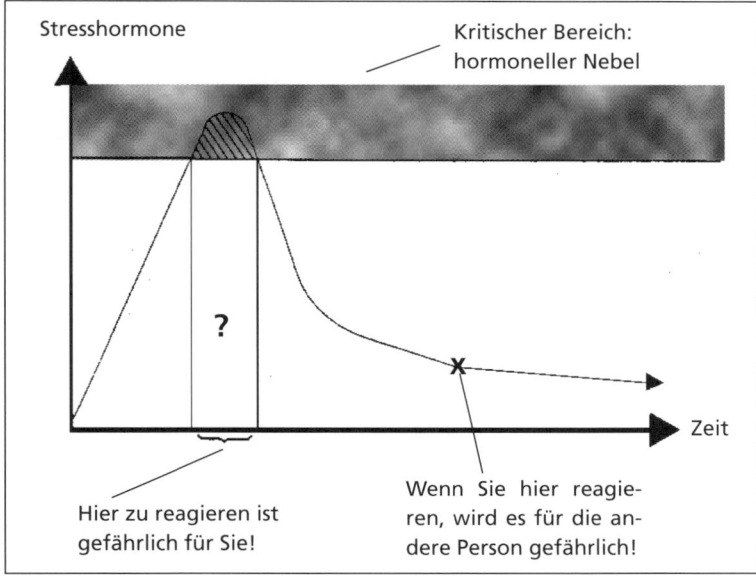

Stresshormone

Kritischer Bereich: hormoneller Nebel

?

✗

Zeit

Hier zu reagieren ist gefährlich für Sie!

Wenn Sie hier reagieren, wird es für die andere Person gefährlich!

chen Sie nur Katzenwäsche, verbrühen sich dabei jedoch fast die Hand, weil Ihnen unter Stress das nötige Fingerspitzengefühl für die Einstellung des Wasserhahns fehlt. Beim Anziehen stellen Sie fest, dass Sie das Unterhemd falsch herum angezogen haben und denken: „So ein Mist." Beim Ausparken hätten Sie fast einen Laternenmast umgefahren, weil Sie die Entfernung nicht richtig eingeschätzt hatten. Als Sie dann bei der ersten roten Ampel warten müssen, kommt es Ihnen unheimlich lang vor, bis sie auf „Grün" umschaltet; denn auch Ihr Zeitempfinden verändert sich unter dem Einfluss des Alarmprogramms, alles dauert auf einmal wahnsinnig lange. Und alle anderen Autofahrer um Sie herum trödeln fürchterlich und bleiben sogar bei „Gelb" vor der Ampel stehen. Wenn Sie dann mit dem Fahrstuhl in den sechsten Stock zu Ihrem Büro fahren, hält der natürlich in jedem Stockwerk, und so kommen Sie schon entsprechend gestresst an. Ihre Sekretärin wird sogleich von Ihnen angefaucht, weil sie die Gesprächsunterlagen nicht bereitgelegt hat, was der bereits auf Sie wartende Besucher unglücklicherweise mithört. Wenn dann auch noch das Gespräch einen ärgerlichen Verlauf nimmt, ist vermutlich der Tag für Sie gelaufen.

2

> **Praxis-Tipp:**
>
> Es nützt nichts, sich darüber zu ärgern, dass wir bisweilen von einem Programm beherrscht werden, das in der Steinzeit unser Überleben sicherte, uns heute aber oft unsere gute Laune oder noch schlimmer, unser Verhältnis zu anderen Menschen trüben kann. Deshalb ist der erste Schritt, sich nicht über den Ärger zu ärgern.

Achtung: Nicht der Erwerb von Schlagfertigkeit ist das Ziel, denn damit verschärft man einen Konflikt in der Regel noch, auch wenn der andere im Moment damit „mundtot" gemacht wird. Kann sich die angegriffene Person nicht wehren, weil bei ihr das Alarmprogramm eine geistige Blockade auslöst, kann es sein, dass diese Person Rache schwört, weil Sie sie – vielleicht auch noch vor einer Gruppe – „besiegt" haben. Und wenn sich jemand nicht offen wehren kann, müssen Sie mit einer passiv-aggressiven Reaktion rechnen.

Wie eine solche passiv-aggressive Reaktion aussehen kann, schildert eine vielleicht sogar wahre Geschichte:

Beispiel:

Ein Ozeandampfer auf dem großen weiten Meer. Den Matrosen ist langweilig. Sie fangen an, den netten, freundlichen chinesischen Schiffskoch Tschang zu ärgern. Sie spannen eine dünne Schnur, so dass er mit dem Teller in der Hand darüber stolpert, tauschen in der Salzdose das Salz gegen Zucker aus oder machen sich über seine Schlitzaugen lustig. Tschang erträgt dies alles geduldig, bleibt weiterhin freundlich und erfüllt seine Pflichten. Nach einer Woche schlägt dem Obermatrosen das Gewissen. Er vereinbart mit den anderen Matrosen, dass sie sich gemeinsam bei Tschang entschuldigen und versprechen, sie würden ihn von nun an nicht mehr ärgern. Gesagt, getan. Tschang guckt nach dieser Entschuldigung ganz glücklich, verneigt sich vor dem Obermatrosen und erwidert: „Dann ich auch nicht mehr will machen Pipi in Suppe."

Dieses passiv-aggressive Verhalten können Sie manchmal im Berufsleben beobachten, wenn Mitarbeiter auf ihren Chef eine Wut haben, etwa weil sie sich schikaniert fühlen. Doch aus Angst vor einer Auseinandersetzung, der sie sich nicht gewachsen fühlen, entscheiden sie sich für eine andere Verhaltensweise, nämlich für Rache, nach dem Motto: „Nützen kann ich Ihnen nicht, doch schaden ungeheuer!" Plötzlich verschwinden brisante Geschäftsunterlagen, wichtige E-Mails oder Dateien werden aus Versehen gelöscht. Alles Vorfälle, die sich selten einer bestimmten Person zuordnen lassen. So hat der Täter oder die Täterin einen Lustgewinn, wenn der Chef verzweifelt nach diesen Dingen sucht. Doch zeigen neuere Untersuchungen, dass Rache Menschen auf die Dauer weder glücklich noch zufrieden macht. Deshalb ist es zielführender, wenn es einem in solchen Situationen möglich ist, sich gegenüber einem solchen Chef souverän selbst zu behaupten statt in passiv-aggressiver Weise zurückzuschlagen.

Unter dem Einfluss der Stresshormone ...

- erwacht wieder der „Urmensch" mit seinem archaischen Alarmprogramm: Angriff, Flucht oder „Lähmung".

- ist das Großhirn nur begrenzt leistungsfähig, vor allem sind die verbalen Ausdrucksfähigkeiten reduziert.

- wird die Wirklichkeit verzerrt wahrgenommen, alles ist „mies" und „negativ".

- vergeht die Zeit im „Schneckentempo".

- fehlt das „Fingerspitzengefühl", um etwas mit Ruhe und Geduld anzugehen.

Wie man mit dem Alarmprogramm souveräner umgehen kann

Wenn Sie den Ablauf dieses Alarmprogramms kennen, ist es einleuchtend, nicht mehr nach einer schlagfertigen Antwort zu suchen, um die andere Person „mundtot" zu machen oder zu verletzen. Sie brauchen intelligentere Möglichkeiten, um Ihre Menschenwürde und Ihre Ehre zu verteidigen. Oder auch „Soft-Power-

Methoden", denn es gibt Kräfte, die sanft, aber trotzdem wirkungsvoll sind, zum Beispiel „Steter Tropfen höhlt den Stein".

Ich schlage deshalb vor, einfach „freund"-lich miteinander umzugehen. Denn wie man einen Freund behandelt, davon haben Sie und ich eine klare Vorstellung. Zu Freundlichkeit gehört auch Gelassenheit. Gelassenheit ist nichts, was einem in den Schoß fällt, selbst wenn man mit zunehmendem Alter manche Dinge etwas ruhiger und geduldiger angeht. So widersprüchlich es klingt, um Gelassenheit kann und muss man sich aktiv bemühen.

Wie werden Sie freundlich und gelassen?

■ Lehnen Sie es ab sofort ab, schlagfertig zu sein, sagen Sie ab sofort zu sich: „Ich lehne es ab, schlagfertig zu sein."

■ Es genügt jedoch nicht, sich vorzunehmen, wie man sich **nicht** mehr verhalten will, Sie müssen sich auch für ein neues Verhalten programmieren, etwa indem Sie zu sich sagen: „Ich reagiere in allen Situationen überlegt und souverän." Mit dem neuen Ziel gewinnen Sie zugleich eine neue Einstellung, und Sie werden die Erfahrung machen, Sie können immer etwas antworten, denn jede Äußerung, jedes Argument ist angreifbar. Es gibt keine unangreifbaren Argumente!

■ Sie können zwar nicht alles, was vorgebracht wird, entkräften, aber angreifen, infrage stellen, bezweifeln oder hinterfragen können Sie jede Äußerung. Sagen Sie deshalb auch hier zu sich: „Mir fällt immer etwas ein!"

Die Wahrscheinlichkeit, dass Sie tatsächlich immer etwas Passendes entgegnen können, steigt dank dieser Programmierung an!

Wie Sie Ihr Selbstvertrauen stärken

3

Wie Selbstvertrauen aufgebaut wird

Nur Menschen, die selbstsicher sind, können gelassen und souverän reagieren. Doch vielen von uns wird schon von klein auf eingeredet: Du bist nichts, Du kannst nichts. Je pauschaler solche Urteile ausfallen, desto schlimmer für unser Selbstwertgefühl.

3

Beispiele:

- Als ich mit 13 Jahren anfing, in die Höhe zu schießen, erinnere ich mich daran, dass meine Mutter öfter zu mir scherzhaft sagte: „Kind, wo wächst Du denn noch hin, Du bekommst ja keinen Mann mehr ab." Kein Wunder, wenn ich daraufhin mein Genick einzog, um kleiner zu wirken, und nur noch flache Schuhe trug.

- Mein Mädchenname ist „Haase". Als ich in die Schule kam, war mein Spitzname „Häschen", und als ich in die Pubertät kam und meine Nase ausgeprägter wurde, hieß es auf einmal: „Die Haase mit der großen Nase." Das war nicht gut für mein Selbstvertrauen; denn nicht nur, dass ich zu groß war, nein, ich war auch noch hässlich!

- Meine Stimme war schon in diesem Alter für ein Mädchen ungewöhnlich tief. Deshalb verdrehten sich in einem größeren Kreis immer alle die Hälse, wenn ich etwas sagte. Man wollte nämlich wissen, zu wem diese unmögliche Stimme gehörte. Kein Wunder, dass es mich jeweils wahnsinnig viel Überwindung kostete, trotzdem ab und an den Mund aufzumachen.

Was war das Ergebnis? Mein Selbstwertgefühl war früher sehr gering. Dass ich diese Krisenzeit dennoch überstand und heute diese vermeintlichen Nachteile Vorteile geworden sind, verdanke ich meinem Großvater, der immer an mich und meine Fähigkeiten geglaubt und mein Selbstvertrauen aufgebaut hat.

Wer hat früher Ihr Selbstwertgefühl negativ beeinflusst? Bitte legen Sie das Buch einen Moment beiseite und erinnern Sie sich an Äußerungen von Autoritätspersonen, Verwandten, aber auch von

Freunden und Freundinnen, die ebenfalls – manchmal ohne es zu wollen – Ihr Selbstwertgefühl erschüttert haben.

Wahrscheinlich haben Sie – wie ich – viele dieser seelischen Verletzungen im Laufe Ihres Lebens überwunden, vielleicht sind jedoch noch schmerzhafte Narben zurückgeblieben.

Wichtig: Wenn Sie heute manche Angriffe oder Vorwürfe verletzen und Sie nicht in der Lage sind, angemessen darauf zu reagieren, kann das damit zusammenhängen, dass sie frühe Kindheitserlebnisse wachrufen. Doch statt nun ewig über miese und unfähige Erzieher zu jammern und darüber zu sinnieren, wer damals Ihr Selbstvertrauen mit welchen Äußerungen untergraben hat, ist es sinnvoller, sich heute als Erwachsener quasi „an den eigenen Haaren aus dem Sumpf herauszuziehen" und das Selbstvertrauen – auch ohne Hilfe von außen – aufzubauen oder zu stabilisieren.

3

> **Praxis-Tipp:**
>
> Erst wenn Sie den „inneren Bürgerkrieg" mit sich beenden, steht Ihnen Ihr volles geistiges und seelisches Potenzial zur Verfügung.

Agieren statt reagieren

Ich möchte Sie ermutigen, zu handeln statt sich zu fügen. Natürlich muss man vieles im Leben akzeptieren, doch Akzeptieren ist etwas ganz anderes als Resignieren, selbst wenn das Ergebnis das Gleiche ist, nämlich dass Ihrerseits keine Aktivitäten erfolgen, um etwas zu ändern. Der wesentliche Unterschied liegt in der Einstellung.

Beispiel:

In den USA gab es ein Experiment, das bewies, dass der Stress als Opfer am größten ist. In einem großen Saal saßen zwei Gruppen. Beide Gruppen bekamen die gleiche Aufgabe: Sie sollten in möglichst kurzer Zeit einen Text auf Fehler hin untersuchen. Beide Gruppen bekamen Kopfhörer auf, über die-

3

unangenehmer Lärm eingespielt wurde. Der einen Gruppe wurde gesagt: „Lösen Sie die Aufgabe trotz Lärm so gut, wie es geht." Diese Gruppe war also „Opfer". Den Mitgliedern der anderen Gruppe wurde gesagt: „Wenn Ihnen der Krach zu unangenehm wird, dann heben Sie die Hand, und wir schalten in Ihrem Kopfhörer den Lärm aus." Das Ergebnis wird Sie nicht überraschen: Die zweite Gruppe hatte die besseren Ergebnisse. Erstaunlich jedoch war, in dieser Gruppe hatte trotz Erlaubnis niemand die Hand gehoben. Die Erklärung dafür: Die Mitglieder der zweiten Gruppe empfanden sich nicht als Opfer. Sie hätten ja jederzeit die Möglichkeit gehabt, den Lärm ausschalten zu lassen. Da sie jedoch den Lärm akzeptierten, war es ihnen möglich, sich trotz Lärm auf ihre Aufgabe zu konzentrieren, statt sich über ihn zu ärgern. Diese Einstellung hatte somit zu den besseren Ergebnissen geführt.

Verleugnen Sie sich nicht selbst!

Sie kennen sicher auch solche Menschen, die sich als Opfer der Umstände fühlen oder sich ganz besonders edel vorkommen, wenn sie sich zum Opfer machen, manchmal auch, um bei anderen Schuldgefühle zu wecken.

Beispiel:

Da ist die Mutter, deren Tochter an Silvester höflich fragt: „Mama, bist du traurig, wenn ich heute Abend zu einer Silvesterparty gehe?" Und was ist die erwartete Reaktion? Genau die, die auch prompt kommt: „Nein, nein Kind, mache dir keine Sorgen. Geh nur und amüsiere dich." Das kann ernst gemeint sein, ist es jedoch häufig nicht! Nur Sie selbst wissen, wie es gemeint ist. Deshalb erforschen Sie sich genauer, und wenn Sie merken, Sie verleugnen sich und Ihre Interessen, dann ist es besser zu sagen: „Na ja, ein bisschen traurig bin ich schon. Aber ich hätte mich ja darum kümmern können, dass ich mir für Silvester etwas vornehme."

Baden Sie nicht in Selbstmitleid!

Genau das Gleiche gilt bei Vorwürfen und Angriffen, etwa: „Warum unternimmst du denn nichts, um eine andere Arbeitsstelle zu finden?" Anstatt sich jedoch aufzuraffen, tatsächlich Bewerbungen abzuschicken, zieht man sich in seine kuschelig warme Schmollecke zurück und ist beleidigt. Natürlich ist es bequem, vor Selbstmitleid zu zerfließen und sich dann noch über die Schlechtigkeit der Welt zu beklagen. Doch eine souveräne Reaktion ist das sicher nicht. Deshalb zwingen Sie sich in solchen Situationen, nachdem Sie ein Weilchen die „beleidigte Leberwurst" gespielt haben, zum Handeln.

3

Analysieren Sie Ihre Gefühle!

Fühlen Sie sich nicht doch wohler, wenn Sie eine Situation bestimmen können, anstatt sich ihr ausgeliefert zu fühlen? Wenn Sie diese Frage bejahen, achten Sie bei sich auf Gedanken und Äußerungen, die eine „Opfermentalität" signalisieren.

Aussagen eines „Opferlamms"
■ „Niemand kümmert sich um mich."
■ „Den anderen bin ich doch völlig egal."
■ „Immer werde ich übergangen."
■ „Ich habe schon alles probiert, nichts hat geklappt."
■ „Sollen die anderen doch sehen, wie sie ohne mich zurechtkommen."
■ „Die anderen sind alle besser als ich."
■ „Das bringt ja sowieso nichts."
■ „Ich bin ja so unglücklich."
■ „Ich habe immer Pech."
■ „Immer schnappt mir jemand anderer den Auftrag weg."
■ „Ich brauche mich gar nicht erst bewerben, die wollen sowieso eine jüngere Kraft."
■ „Das, was ich zu sagen habe, interessiert doch niemand!"
■ „Das ist halt so, da kann man nichts machen."
■ „So was passiert immer nur mir."

Übung: Positiv formulieren

Kommen Ihnen diese pessimistischen Äußerungen bekannt vor, dann sollten Sie sie schleunigst ändern und sie vor allem abschwächen; denn so pauschal, wie Sie es zu sich sagen, entspricht es – wenn Sie ehrlich zu sich sind – nicht der Realität. Machen Sie deshalb folgende Übung:

3   Ersetzen Sie die pauschalen Aussagen des „Opferlamms" durch differenzierte Formulierungen.

- Vorschlag für die erste Aussage:

  „In den letzten zwei Monaten hat sich wirklich nur … um mich gekümmert. Das ist mir zu wenig, deshalb werde ich jetzt meine Freundin anrufen und ein Treffen ausmachen."

- Vorschlag für die zweite Aussage:

  „Anscheinend interessieren sich meine Kollegen nicht für das, was mich bewegt. Ich werde versuchen, es ihnen zu sagen, damit sie erkennen, dass es auch Einfluss auf ihre Beziehungen zu mir hat."

Ändern Sie in der vorgeführten Weise auch die anderen Aussagen!

Test: Woraus Sie Ihr Selbstvertrauen beziehen

Vergeben Sie bitte bei dem folgenden Test Punkte von eins bis fünf. Sind Sie der Meinung, dass Ihr Selbstvertrauen auf diesem Gebiet schwach ist, vergeben Sie einen Punkt; vergeben Sie fünf Punkte, ist es auf diesem Gebiet sehr stark vorhanden.

- Der Beruf gibt mir wenig/viel Selbstvertrauen.

- Mein Aussehen gibt mir wenig/viel Selbstvertrauen.

- Mein körperlicher Zustand gibt mir wenig/viel Selbstvertrauen.

- Die Gefühle, die meine Familie mir gegenüber zeigt, schwächen/stärken mein Selbstvertrauen.

- Die Gefühle, die mein Partner mir gegenüber zeigt, schwächen/stärken mein Selbstvertrauen.

■ Die Gefühle, die Freunde mir gegenüber zeigen, schwächen/
stärken mein Selbstvertrauen.

■ Die Gefühle, die mein Chef/meine Chefin mir gegenüber am
Arbeitsplatz zeigt, schwächen/stärken mein Selbstvertrauen.

■ Die Gefühle, die meine Kolleginnen und Kollegen am Arbeitsplatz zeigen, schwächen/stärken mein Selbstvertrauen.

■ Meine finanzielle Situation schwächt/stärkt mein Selbstvertrauen.

3

Diese Analyse soll Sie motivieren – falls notwendig – Ihr Selbstvertrauen zu stärken. Sie kann Ihnen jedoch auch zeigen, dass es
nicht am mangelnden Selbstvertrauen liegt, wenn Sie bei sich in
manchen Situationen die Gelassenheit vermissen.

Wie Sie Ihr Selbstvertrauen und Selbstwertgefühl aktiv entwickeln

Oft geht man, ohne groß darüber nachzudenken, davon aus, alles
entwickle sich linear, das heißt, wir kommen auf die Welt und von
nun an geht es aufwärts mit unserem Selbstvertrauen. Diese Vorstellung ist falsch; es gleicht eher einer nach oben gerichteten Spi-
ralfeder, bei der sich mehr oder weniger stark ausgeprägte „Tief-
punkte" erkennen lassen; denn kein Mensch kann Schicksalsschlä-
gen entrinnen. Der Unterschied zwischen den Menschen besteht
jedoch nicht nur darin, dass manche mehr Schicksalsschläge als andere erleiden, sondern darin, dass sie sich davon unterschiedlich
schnell erholen. Auf Letzteres können Sie aber in vielfältiger Weise
Einfluss nehmen.

Wichtig: Selbstvertrauen kann Ihnen niemand geben, Sie müssen
es aus sich heraus entwickeln; denn was nützt es, wenn man Ihnen
immer wieder überdurchschnittliche musikalische Fähigkeiten be-
scheinigt, Sie sich aber dennoch für einen Stümper halten, weil Sie
sich mit dem weltbesten Geiger vergleichen. Genauso falsch ist es,
sich mit jemanden zu vergleichen, der gerade angefangen hat,
Geige zu spielen und Sie Ihr Selbstwertgefühl auf dessen Kosten
aufpolieren.

Übung: Selbstwertgefühl und Ihr persönliches Motto

Ihre persönliche Lebenssituation spiegelt sich sehr oft in Ihrem persönlichen Motto oder in Redensarten, die Sie öfter verwenden. Denn es hat Gründe, wenn Sie bestimmte Äußerungen öfter machen. Überprüfen Sie deshalb Ihr persönliches Motto und das, was Sie öfter zu sich selbst oder auch in bestimmten Situationen in Gegenwart anderer sagen. Falls Ihnen im Moment nichts einfällt, lassen Sie sich ruhig von den nachfolgenden beispielhaften Aussagen inspirieren:

- „Mit Humor geht's besser."

- „Aus Fehlern lernen."

- „Verträume nicht dein Leben, lebe deinen Traum."

- „Eines nach dem anderen."

- „Ich bin, ich kann, ich will."

- „Tue, was du tust."

- „Immer mit der Ruhe."

- „In der Ruhe liegt die Kraft."

- „Alles hat seinen Preis."

- „Allem etwas Gutes abgewinnen."

- „Wer nicht kämpft, hat schon verloren."

- „Nobody is perfect."

- „Nur wer seinen eigenen Weg geht, kann von niemand überholt werden."

- „Schau'n wir mal."

Tragen Sie nun hier bitte Ihr persönliches Motto ein:

....

....

....

Ich warne Sie vor resignativen pessimistischen Aussprüchen wie: „Es kommt halt, wie es kommen muss." Selbst wenn Sie häufig mit ironischem Unterton sagen: „Das wird noch mal ein böses Ende nehmen", ist das eine gefährliche Botschaft für Ihr Unterbewusstsein. Denn das versteht keine Ironie, sondern nimmt diese Aussage wörtlich, und Sie programmieren sich für das Negative.

Die „Self-Fulfilling-Prophecy"

3

Da Sie Ihr Motto häufig zu sich oder anderen sagen, wirkt es wie eine Suggestionsformel, die sich in Ihr Unterbewusstsein „eingräbt".

So registrieren Sie oft nur noch das, was Sie erwarten und was in Ihr persönliches Bild von sich und der Welt hineinpasst. Wenn Sie als Kind erst nach einem Kampf das bekommen haben, was Sie wollten, werden Sie auch als Erwachsener davon ausgehen, dass Sie um alles kämpfen müssen, was Sie gern haben möchten.

Solche oft gemachten Äußerungen wirken dann als „Self-Fulfilling-Prophecy" (SEP). Nehmen wir an, Ihnen fällt irgendwann einmal auf, dass Sie im Gegensatz zu Ihrem Freund Probleme haben, sich in einer neuen Stadt zu orientieren. Sie suchen jetzt nach Beweisen für Ihre Vermutung und Ihnen fällt eine Reihe von Situationen ein, in denen Sie dieses Problem hatten. Das heißt für Sie, an Ihrer Vermutung müsse wohl etwas dran sein, und jetzt setzt der Mechanismus der selektiven Wahrnehmung ein. Von nun an registrieren Sie nur das, was diese Vermutung bestätigt. Alles, was ihr nicht entspricht – wenn Sie etwa wider Erwarten in einer fremden Stadt das gesuchte Hotel auf Anhieb finden –, fällt Ihnen nicht auf, oder Sie sagen zu sich: „Na ja, ein blindes Huhn findet auch mal ein Korn."

Wichtig: Entscheiden Sie sich für ein Motto, das Ihr eigenes Selbstvertrauen stärkt und Ihnen im Umgang mit anderen Menschen die richtige Einstellung vermittelt. Empfehlenswert ist die von Thomas Harris propagierte Lebenseinstellung, die auch dem Titel seines Buches entspricht: „Ich bin okay, du bist okay."

> **Praxis-Tipp:**
>
> Die richtige Einstellung und das richtige Motto sind die Grund-
> lage für mehr Selbstvertrauen und Gelassenheit. Hinzukom-
> men muss die Aktivierung der Vorstellungskraft, um sich men-
> tal auf für Sie schwierige Situationen vorzubereiten.

3

Die Vorstellungskraft ist stärker als der Wille

Um die Jahrhundertwende lebte ein Apotheker namens Emil
Coué, der die Behauptung aufstellte, nicht der Wille, sondern die
Vorstellung sei die stärkste Kraft in uns. Als Beleg führte er zum
einen an, dass wir nicht willentlich einschlafen könnten, zum
anderen, dass wir zwar ohne Mühe über ein Brett, das auf dem
Boden liegt, laufen könnten, wenn aber das gleiche Brett zwischen den Dachgiebeln zweier Häuser befestigt wäre, würde
wohl niemand von Ihnen über das Brett gehen. Und warum? Weil
Sie in Ihrem Kopf die Vorstellung hätten, Sie würden hinunterfal-
len, wenn Sie es versuchten. Diese Erkenntnis formulierte Coué in
drei Gesetzen:

- Im Widerstreit zwischen Wille und Vorstellung siegt immer die
  Vorstellungskraft.

- Sind Wille und Vorstellungskraft gleichgerichtet, so addieren
  sich ihre Energien nicht nur, sie multiplizieren sich.

- Die Vorstellungskraft ist von uns beeinflussbar.*)

Die wichtigste ist das dritte Gesetz; denn mit Hilfe der „Autosuggestion" oder auch der „Kunst der Selbstbemeisterung" – so wie
er es nannte – hören wir endlich auf, „Marionetten unserer Vorstellungskraft zu sein". Man kann die Vorstellungskraft nämlich
„erziehen".

---

*) *Coué, Émile:* Die Selbstbemeisterung durch bewußte Autosuggestion

Vorstellungsübung

Stellen Sie sich bitte Folgendes so plastisch wie möglich vor: Sie stehen am Rand eines flachen Daches eines Hochhauses und blicken hinunter. Tief unter Ihnen sehen Sie Menschen wie Ameisen und Autos so groß wie Spielzeugautos. Hinter Ihnen hören Sie die Schritte Ihres Verfolgers, der Sie umbringen will. Er muss Ihnen nur einen Schubs geben, und Sekunden später liegt Ihr Körper zerschmettert auf dem Pflaster. Wenn Sie sich das nur genau genug vorstellen, werden Sie feststellen, Sie spüren die Angst auch körperlich, obwohl Sie sich die Situation lediglich vorstellen.

Das gleiche Szenario, doch mit einem Unterschied: Sie wissen, Sie müssen nur die Arme ausbreiten und können vom Rand des Hochhauses wie Batman durch die Luft fliegen. Wie fühlen Sie sich jetzt? Vermutlich besser.

Bezogen auf unser Leben kann man sagen: „Erfolge werden zuerst in der Vorstellung entwickelt und dann in der Realität umgesetzt."

Das bewusste Ändern der Vorstellung funktioniert nicht ohne Training. Doch Sie wissen jetzt: Sie sind äußeren Einflüssen nicht hilflos ausgeliefert und können Ihre Einstellung dazu mittels Ihrer Vorstellungskraft entsprechend Ihren Wünschen lenken.

Mentales Training

Aktivieren Sie in Ihrem Unterbewusstsein die Vorstellung, wie Sie sich zukünftig in Stresssituationen

- verhalten werden,
- was Sie sagen werden,
- wie Sie es sagen, also in welchem Tonfall,
- wie Sie gucken und
- wie Ihre Körperhaltung ist.

Betreiben Sie dieses mentale Training möglichst oft, und Sie werden feststellen, dass Sie anfangen, sich gemäß dieser Vorstellung zu verhalten.

Wie Sie Ihr Selbstvertrauen stärken

Achtung: Hier noch einmal die Warnung vor negativ formulierten Vorstellungen, zu denen sich unser Unterbewusstsein kein Bild machen kann: „Denken Sie jetzt bitte nicht an eine kleine weiße Maus mit einem süßen Ringelschwänzchen, großen schwarzen Knopfaugen und rosa Öhrchen."

Obwohl ich Sie aufgefordert habe, nicht an diese Maus zu denken, sahen Sie sie ganz genau vor Ihrem geistigen Auge. Das bedeutet, wenn Sie zu sich sagen: „Ich darf jetzt nicht krank werden.", dass Sie die Krankheit geradezu magisch anziehen. Also sich positiv programmieren: „Ich bleibe gesund." Ähnlich ist es mit Programmierungen wie: „Ich will nie so werden wie meine Mutter/mein Vater." Wenn Sie wirklich nicht so werden möchten, dann brauchen Sie eine positive Vorstellung, etwa: „Ich möchte so werden wie …"

Ihre innere Stimme

Es sind nicht immer die anderen, die Ihr Selbstvertrauen und Ihr Selbstwertgefühl untergraben. Es gibt nämlich noch eine Kraft in Ihnen, die an Ihrem Selbstvertrauen nagt und Ihnen oft die Gelassenheit raubt.

Manchmal sind Sie nicht Ihr Freund, sondern Ihr Feind. Jeder spricht mit sich selbst. Doch wie reden Sie mit sich? Meistens negativ! Oft ist man mit sich und seinen Leistungen unzufrieden: „Heute habe ich mal wieder nichts fertig gebracht!", „Immer vergesse ich was!" Oder Sie meckern an Ihrem Aussehen herum: „Schon wieder drei Kilo zugenommen. Musst du denn immer so viel fressen!"

Um zu erkennen, wie streng Ihre innere Stimme mit Ihnen redet und wie sehr sie Ihr Selbstwertgefühl untergräbt, müssen Sie wirklich einige Tage auf sie achten. Denn die Art und Weise, wie Sie mit sich reden, beeinflusst Ihr Unterbewusstsein und damit Ihr Denken und Handeln. Deshalb ist es wichtig, sich mit der inneren Stimme auseinanderzusetzen.

Beispiel:

Ihre innere Stimme nörgelt: „Nie bist du pünktlich. Immer müssen die anderen auf dich warten!" Sie erwidern selbstbewusst: „Stimmt, ich war in letzter Zeit öfter unpünktlich und ich fand es auch nicht okay, dass die anderen auf mich warten mussten. Aber ich find's auch nicht okay, wenn du mich jetzt so pauschal beschimpfst, denn schließlich gebe ich mir alle Mühe, pünktlich zu sein."

3

Praxis-Tipp:

Das ist ein sehr gutes mentales Training, um souveräner mit Vorwürfen und Angriffen anderer Menschen umzugehen. Denn das, was Ihre innere Stimme zum Schweigen oder Einlenken bringt, überzeugt mit Sicherheit auch andere, die versuchen, Ihnen Minderwertigkeitskomplexe einzureden.

„Respect yourself"

„Niemand kann Ihnen einreden, Sie seien minderwertig, wenn Sie es nicht zulassen." (Eleonor Roosevelt)

Trotz aller Fehler und Mängel, die Sie bei sich festzustellen glauben, kommt es darauf an, sich selbst zu achten. Diese Selbstachtung spüren andere Menschen. Sie werden Sie schon deshalb mehr respektieren als einen Menschen, bei dem man es merkt, er schätzt sich selbst nicht.

Stärken Sie Ihr Selbstvertrauen, es ist die Voraussetzung dafür, aus Ihrem Leben das zu machen, was möglich ist!

„Selbstlob tut gut "

Um Ihr Selbstvertrauen zu stärken, ist es wichtig, sich öfter selbst auf die Schulter klopfen. Sie wissen selbst am besten, ob Sie die Meinung vertreten, „Eigenlob stinkt". Wenn ja, dann sollten Sie diesen Ausspruch ganz schnell ändern in „Eigenlob stimmt"*).

---

*) *Asgodom, Sabine:* Eigenlob stimmt

Wie Sie Ihr Selbstvertrauen stärken

Dieses Selbstlob müssen Sie üben, denn es ist notwendig, hierfür die richtigen Formulierungen zwischen falscher Bescheidenheit und Überheblichkeit zu finden.

Beispiel:

„Heute bin ich wirklich stolz auf mich; denn ich bin mit der Arbeit trotz vieler Unterbrechungen fertig geworden."

Warum helfen solche positiven Selbstgespräche? Nun, Sie lenken Ihr Interesse auf das Positive und da wir immer nur einen Gedanken zur gleichen Zeit denken können, verscheuchen Sie so Ihre negative Sichtweise. Es handelt sich dabei nicht um „Schönfärberei". Es ist eher vergleichbar mit dem bekannten Beispiel, ob ein bis zur Mitte gefülltes Glas halb leer oder halb voll genannt werden sollte. Und da weder die eine noch die andere Aussage „wahr" ist, warum sollten Sie sich dann nicht für die positive Sichtweise entscheiden? Ein solches Umlenken Ihrer Gedanken hilft Ihnen kurzfristig und beschert Ihnen langfristig mehr Gelassenheit.

Praxis-Tipp:

Ich selbst besitze einen Ordner mit der Aufschrift „Lob" und „Kritik". Ich hefte dort Teilnehmerkritiken ab und je nach Stimmung schaue ich mir das Lob oder die Kritik an. Warum sollten Sie sich nicht auch so einen Lobordner zulegen? Er erfüllt sogar einen ganz praktischen Zweck. Sie werden sich eher trauen, eine Gehaltserhöhung zu fordern, wenn Sie alle lobenden Bemerkungen durchgehen und so Ihr Selbstwertgefühl stärken.

Ganz besonders wichtig ist es zu lernen, sich ohne Scheu vor anderen, etwa dem Chef oder der Chefin, zu loben. Denn selbst wenn eine Führungskraft gern loben würde, kann sie manchmal gar nicht beurteilen, welche Leistung Sie an Ihrem Arbeitsplatz vollbringen! Wenn Sie innerhalb kürzester Zeit ein Softwareproblem lösen, woher soll ein Außenstehender beurteilen, wie viel Engagement und Wissen dazu gehörte? Deshalb müssen Sie sich hin und wieder Ihr Lob „abholen".

Beispiele:

- „Ich mache Sie darauf aufmerksam, dass es ganz besonders schwierig war, die Umsatzzahlen von Brasilien rechtzeitig zu bekommen."

- „Sie wissen ja, manchmal bin ich ziemlich hartnäckig. Auch diesmal hat es sich ausgezahlt; denn wir bekommen den Auftrag."

- „War schwieriger, als ich dachte, aber ich hab's geschafft."

3

Vielleicht schätzen Sie sich und Ihr Selbstvertrauen falsch ein. Deshalb prüfen Sie bitte zum Abschluss dieses Kapitels, ob Sie die nachfolgenden Aussagen – die sich auch als Suggestionsformeln einsetzen lassen – jeweils mit einem klaren „Ja" beantworten können.

Test für Ihr Selbstvertrauen

Ihre Einstellung zu sich ist die Basis für Ihr Selbstvertrauen. Wenn diese stark genug ist, werden Sie mit mehr Selbstvertrauen an neue Aufgaben herangehen oder Krisen und Rückschläge schneller und leichter überwinden. Henry Ford hat einmal gesagt: „Es ist egal, ob ich sage, ich kann's, oder ob ich sage, ich kann's nicht, ich habe jedes Mal recht." Stärken Sie deshalb die Basis für Ihr Selbstvertrauen, indem Sie die folgenden Sätze öfter und mit lauter Stimme sprechen:

- Ich glaube an mich und meine Fähigkeiten.

- Ich weiß, dass ich den Herausforderungen des Lebens gewachsen bin.

- Ich erkenne und nutze meine Chancen.

- Ich bin bereit, mich persönlich weiterzuentwickeln.

- Ich übernehme die volle Verantwortung für meine Entscheidungen.

- Ich weiß, dass ich für mein Denken und Fühlen verantwortlich bin.

Wie Sie Ihr Selbstvertrauen stärken

- Ich gewinne allem, auch Ereignissen, die ich als negativ empfinde, etwas Gutes ab.
- Ich lerne aus meinen Fehlern.
- Ich gestalte mein Leben selbst.

Achtung: Wenn Sie bei bestimmten Aussagen spüren, dass Sie sie nicht mit einem klaren „Ja" beantworten können, ist es für Sie wichtig, genauer darauf zu achten, wie Sie tagtäglich mit sich reden, denn unsere innere Stimme beeinflusst unser Selbstvertrauen in hohem Maße.

Mit Gelassenheit gewinnen

4

Was unter Gelassenheit zu verstehen ist

„Der, der uns ärgert, beherrscht uns." (Chinesisches Sprichwort)

Gelassenheit wird manchmal verwechselt mit „cool" bleiben. Doch „cool" bleiben bedeutet, dass einen vieles „kalt" lässt, dass man quasi bei vielem „darüber steht" und einem nichts „unter die Haut" geht. Gelassenheit zu erklären ist somit gar nicht so einfach. Es ist leichter zu erklären, was sie nicht ist: Gelassenheit ist das Gegenteil von Hektik, Stress, Fanatismus, Ungeduld oder Nervosität.

Gelassen sein bedeutet nicht, in Zukunft immer gelassen zu reagieren. Das ist nicht das Ziel! Ein richtiger Wutanfall pro Jahr gehört zumindest für mich zum Leben dazu, oder heulen wie „ein Schlosshund", wenn einem danach zumute ist, oder vor lauter Freude tanzen und einen netten Bekannten umarmen, der einem gerade über den Weg läuft. All das gehört zum Menschsein, und immer nur gelassen sein wäre ein reduziertes Leben. Das Entscheidende bei diesen Gefühlsausbrüchen ist, dass sie mit Ihrer Zustimmung passieren.

Wichtig: Wenn Sie von anderen Menschen unfair attackiert werden und sich provozieren lassen, auf dem gleichen Niveau zurückzuschlagen, dann sind Sie meist in der schwächeren Position!

Ob Sie überhaupt auf eine solche Attacke eingehen und wie, sollten nur Sie bestimmen.

Praxis-Tipp:

Reagieren Sie in Zukunft erst dann, wenn Sie es für angebracht halten, und nicht, wenn es andere von Ihnen verlangen. Genau das ist Gelassenheit und Souveränität.

„Change it, love it or leave it"

Erste Handlungsmöglichkeit: „Change it"

Sie versuchen, das Verhalten eines anderen Menschen oder die Situation direkt zu ändern, die Ihnen die Gelassenheit raubt. Denn wenn man sich über etwas ärgert, ist meist die erste Reaktion, zu versuchen, dieses Verhalten zu ändern, zum Beispiel:

- „Gewöhnen Sie sich endlich an, die Tür leise zu schließen!"

- „Räum' endlich dein Zimmer auf!"

- „Leg' die Unterlagen dort hin, wo sie hingehören!"

- „Benutzen Sie bitte Ihren Kuli und nicht meinen."

Sie werden jedoch schon gemerkt haben, dass Sie mit dem „change it" leider sehr schnell an Grenzen kommen: Wenn Sie immer das tun, was Sie immer getan haben, werden Sie immer das bekommen, was Sie schon immer bekommen haben.

Das ist jedoch kein Grund zum Aufgeben, denn das „change it" hat noch einen weiteren Aspekt: Sie ändern Ihr Verhalten, und oft wird sich das Verhalten des Menschen ändern, mit dem Sie jetzt gerade einen Konflikt haben.

Kommunikation verläuft nach gewissen Spielregeln, die zwar – wie bei Spielen so üblich – nicht immer eingehalten werden, dennoch gibt es sie, und sie sind in der Regel auch allen Beteiligten bekannt. Die Interpretation ist allerdings häufig unterschiedlich und führt manchmal zu Missverständnissen. Denken Sie an das Schachspielen: Wenn Sie schon ein paar Mal mit jemandem gespielt haben, stellen Sie häufig fest, der macht am Anfang immer die gleichen Züge. Da es oft nur eine empfehlenswerte Art gibt, darauf zu reagieren, machen Sie auch immer die gleichen Züge. Erst wenn Sie sich einmal ganz anders verhalten, gerät der andere in „Zugzwang" und kann nicht mehr so reagieren, wie er das gewohnt war. Und das ist der zweite, interessante Aspekt des „change it". Darüber erreichen Sie oft mehr, als wenn Sie versuchen, das Verhalten eines anderen Menschen direkt zu beeinflussen.

Mit Gelassenheit gewinnen

Verhalten eines anderen Menschen indirekt ändern

Wir „erziehen" andere weniger durch Worte als vielmehr durch unser Vorbild. Deshalb ist es eine empfehlenswerte Strategie, das Verhalten, das Sie sich von einer anderen Person wünschen, selbst vorzumachen.

Eine weitere mögliche Strategie: Sie ändern Ihr Verhalten gegenüber einem anderen Menschen und zwingen ihn so indirekt dazu, sein Verhalten zu ändern.

Beispiel:

Warum ertragen Sie Ihren cholerischen Chef? Lassen Sie ihn künftig bei einem entsprechenden Wutanfall einfach stehen oder brüllen Sie mal zurück: „Herr H., ich finde es unfair, wie ich gerade von Ihnen behandelt werde! Ich tue mein Bestes, und anstatt eines Lobes regen Sie sich darüber auf, dass ich Frau K. noch nicht angerufen habe, obwohl Sie mir gestern gesagt haben, Sie würden sie lieber selbst anrufen." Ich bin sicher, er wird einen Rückzieher machen und sich bei Ihnen entschuldigen. Damit hat er gelernt, Sie lassen sich nicht alles gefallen.

Wenn Ihr bisheriges Verhalten im Umgang mit einem anderen Menschen nicht den gewünschten Erfolg gebracht hat, sollten Sie eine neue Verhaltensweise oder Strategie ausprobieren, gemäß einem allerdings etwas arrogant klingenden Ausspruch von General Moltke, der zu seinem Generalstab sagte: „Wenn Sie hier zwei Möglichkeiten sehen, wähle ich die dritte."

Genau das ist auch ein Anliegen dieses Buches, die Palette Ihrer Reaktionsmöglichkeiten zu erweitern, um so einen positiven Einfluss auf andere Menschen, über die Sie sich bisher vielleicht „tierisch" aufgeregt haben, zu erreichen.

Praxis-Tipp:

Haben Sie dabei mit sich und anderen Geduld! Einsichten und Einstellungen können Sie zwar von heute auf morgen ändern, Verhaltensweisen meist nicht.

Beispiel:

Stellen Sie sich vor, Sie hätten ein neues Auto gekauft und stellen unter anderem fest, dass Sie nicht wie gewohnt das Radio durch Drücken des Einschaltknopfes zum Erklingen bringen, sondern durch Drehen des Knopfes. Wie lange dauert es, bis dieser Vorgang automatisch abläuft? Manchmal mehrere Wochen, in denen Sie ab und zu in das alte Verhalten zurückfallen. Manchmal geht es auch schneller; es hängt davon ab, wie lange Sie vorher das alte Auto gefahren sind, und wie oft Sie jetzt mit dem neuen Auto fahren.

4

Test: Verhaltensänderung

Nehmen Sie ein leeres weißes Blatt und schreiben Sie, wenn Sie Rechtshänder sind, mit der linken Hand möglichst lange Wörter: Veränderungsprozess, Selbstwertgefühl, Qualitätsmanagement usw.

Ergebnis: Sie schreiben viel größer, viel „krakeliger" und müssen wie ein Erstklässler lernen, die Buchstaben aneinander zu reihen und sich dafür erst eine spezielle Technik angewöhnen. Angenommen, Sie haben sich den rechten Arm gebrochen. Der behandelnde Arzt wird Ihnen bestätigen, dass es etwa vier Wochen dauert, bis Sie mit links einigermaßen so schnell schreiben können wie mit rechts!

Doch selbst wenn eine Verhaltensänderung lange dauern sollte, können Sie sich sicher an Menschen oder Situationen erinnern, bei denen Sie sich früher viel stärker aufgeregt haben als heute. Nehmen Sie das als Zeichen dafür; Sie sind offensichtlich in der Lage, Ihr Verhalten zu ändern, warum also nicht in den Situationen, über die Sie sich gegenwärtig noch ärgern.

Beispiel:

Ich war früher hin und wieder auf andere Autofahrer wütend, sei es, dass sie zu dicht auffuhren oder zu langsam vor mir her zockelten. Doch über die Einsicht, dass dieser Ärger mir nichts außer schlechter Laune einbringt, beschloss ich eines Tages, mich darüber nicht mehr zu ärgern. Und das Faszinierende daran war: Ich habe tatsächlich aufgehört, mich über solche Verhaltensweisen zu ärgern. Stattdessen schaue ich, ob ich einen Gute-Laune-Musiksender finde oder höre eine CD, von der ich weiß, dass sie mir gute Laune macht.

Wichtig: Es gilt „Selbstschutzmechanismen" aufzubauen, damit wir uns nicht unnötig ärgern.

4 *Gelassenheit gewinnen durch Einstellungsänderungen*

„Die größte Entdeckung unseres Jahrhunderts ist, dass Menschen ihr Leben ändern können, wenn sie ihre Einstellungen ändern." (William James, amerikanischer Philosoph und Psychologe)

Die dritte Variante des „change it" ist noch viel aussichtsreicher als die zweite: Sie ändern Ihre Einstellung zu sich, zu anderen Menschen und bestimmten Verhaltensweisen bei sich oder anderen.

Warum ist diese Vorgehensweise aussichtsreicher? Über Ihre Einstellungen bestimmen allein Sie, und deshalb haben Sie darüber fast grenzenlose Macht.

Eine wichtige Technik, diese Macht über Ihre Einstellungen zu nutzen, haben Sie bereits kennengelernt: das Einsetzen von Affirmationen, ein moderner Begriff für Suggestionsformeln. Wenn Sie etwa ruhiger und gelassener werden wollen, hilft etwa die Affirmation: „In der Ruhe liegt die Kraft." Wenn Sie sich dabei auch noch einen Löwen vorstellen, der ruhig in der Wüste auf einem erhöhten Platz liegt und aufmerksam die Umgebung betrachtet, haben Sie bestimmt die richtige Einstellung, um nicht gleich „aus der Haut zu fahren", wenn Sie an einem Regentag auf dem Nachhauseweg von einem rücksichtslosen Autofahrer patschnass gespritzt worden sind.

Wichtig: Denken Sie daran, Sie schaffen sich Ihre Wirklichkeit selbst! Sie bestimmen, ob Sie das Leben als eine Kette von Herausforderungen betrachten, denen Sie sich tagtäglich stellen oder als eine endlose Kette von Problemen. Je nachdem, welche Einstellung Sie haben, wird es Ihnen mehr oder weniger schwer fallen, gelassen zu bleiben. Wenn Sie glauben, Menschen sind prinzipiell schlecht und bösartig und müssen zum Guten erzogen werden, wird Sie vieles aufregen, was Menschen, die immer zuerst das Gute im Menschen sehen, nicht gleich als böse Absicht oder Heimtücke interpretieren, sondern eher nach Gründen suchen, wie Vergesslichkeit, Unachtsamkeit, Nachlässigkeit, Trottelei, Faulheit oder Gedankenlosigkeit.

Praxis-Tipp:

Die Kunst, gelassener zu werden, liegt darin, negative Gefühle in positive Energie umzuwandeln, die Sie produktiv einsetzen können.

4

Achtung: Bei persönlichen Verletzungen sollte nicht Rache das Ziel sein – denn Rache macht bekanntlich blind und hässlich –, sondern Verhaltensweisen, die die Situation entschärfen.

Gelassenheit stellt sich nicht von heute auf morgen ein. Gelassenheit steht am Ende eines längeren Prozesses, in dem Sie mehr Macht über Ihr Denken und Fühlen erhalten, aber auch akzeptieren, dass es selbst einem gelassenen Menschen passiert, die Fassung zu verlieren. Was ich Ihnen in Aussicht stellen kann, ist, dass dies zunehmend seltener passieren wird, wenn Sie es wollen und wenn Sie die hier aufgeführten Methoden und Techniken auch wirklich nach und nach anwenden.

Zweite Handlungsmöglichkeit: „Love it"

Sie akzeptieren eine Situation, einen Menschen oder auch sich.

Das „love" ist leicht ironisch gemeint; denn wenn Sie Ihre Einstellung gegenüber Ihrer häufig laut schimpfenden und ungepflegt daherkommenden Nachbarin ändern, heißt das noch lange nicht, dass Sie sie nach der Einstellungsänderung „lieben". Es bedeutet lediglich, Ihnen macht es nichts mehr aus, ihr zu begegnen und trotz der Abneigung freundlich „Guten Morgen" zu sagen. Das heißt, Sie akzeptieren sie so, wie sie ist.

Mit Gelassenheit gewinnen

Natürlich kann es sich auch um schwerwiegendere Probleme handeln. Beispielsweise müssen Sie tagaus, tagein mit einem Kollegen auskommen, der Sie nicht ernst nimmt oder gar bevormundet. Wenn Sie jedoch auf diese Arbeitsstelle für die nächsten zwei Jahre angewiesen sind, dann ist das „love it" eine wichtige Möglichkeit, die Situation so zu akzeptieren, wie sie ist. Das ist keine Resignation, kein Sich-in-die-Situation-Fügen, kein Aufgeben, sondern die klare Einsicht, das getan zu haben, was möglich war, um eine Änderung zu erzielen.

Mentale Hilfe bietet Hegels Freiheitsdefinition, bei der nichts an den landläufigen Begriff von Freiheit, nämlich zu tun und zu lassen, was man will, erinnert: „Freiheit ist Einsicht in die Notwendigkeit." (Georg Wilhelm Friedrich Hegel) Oder auch: „Akzeptieren ist nicht resignieren."

Beispiel:

So war es einer Seminarteilnehmerin möglich, eine einjährige ABM-Maßnahme durchzustehen, obwohl ihr Chef sie nach Strich und Faden ausnützte. Sie wusste jedoch: Als 48-Jährige war es vielleicht die letzte Chance, noch einmal im Berufsleben Fuß zu fassen. Deshalb sah sie einen Sinn darin, diesen tyrannischen Chef zu akzeptieren, zumal das Positive an dem Ausnützen ihrer Situation für sie darin bestand, dass sie in dem einen Jahr sehr viele PC-Kenntnisse dazu gewann. Auch aufgrund dessen fand sie nach diesem Jahr fast problemlos eine neue Stelle in einer anderen Firma. Ich fragte sie, was ihr damals geholfen hatte, sich nicht unterkriegen zu lassen. Es war ein Ausspruch, den Nietzsche einmal getan haben soll: „Ein Mensch, der weiß warum, kann fast alles ertragen." Und sie wusste, warum!

Dritte Handlungsmöglichkeit: „Leave it"

„Leave it" bedeutet, die Sie quälende Situation zu verlassen. Vielleicht geben Sie Ihre Arbeitsstelle auf, obwohl es sehr schwer sein wird, eine neue zu finden. Oder Sie verlassen einen Menschen, den Sie einmal geliebt haben, zu dem es jedoch keine „Brücke" mehr gibt.

Diese letzte Möglichkeit haben Sie bereits in Ihrem Leben prakti-ziert, und aus Erfahrung wissen Sie, der Preis für das „leave it" kann manchmal sehr hoch sein. Doch ehe Sie seelisch und körper-lich Schaden nehmen, ist das der Schritt, den Sie gehen müssen.

Achtung: Das „leave it" muss nicht immer von Dauer sein, es ist auch in Situationen angebracht, in denen Sie vor Wut handgreiflich werden oder nur noch unflätige Worte von sich geben würden.

Beispiel:

Als jung verheiratete Frau hatte ich die Angewohnheit, mei-nen Mann mit harmlosen Gegenständen wie Spülbürste, Zei-tung, Handtuch usw. zu bewerfen, wenn mir bei einem Streit die Argumente ausgegangen waren. Eines Tages – die Kinder waren drei beziehungsweise vier Jahre alt – „brannte bei mir eine Sicherung durch" und ich ergriff vor Zorn bebend einen neben mir stehenden Stuhl mit Sitzpolster, um ihn nach mei-nem Mann zu werfen. Als ich den Stuhl über dem Kopf hatte, fiel das Sitzpolster heraus. Die ganze Situation war auf einmal so lächerlich, dass ich mir schwor: Ehe ich wieder nach jeman-den mit einem Gegenstand werfe, gehe ich aus dem Zimmer. Und ich habe mich bis heute daran gehalten.

Auch das ist eine Form des „leave it", die sich jeder Mensch, der zu Wutausbrüchen neigt, anerziehen kann.

Oder denken Sie an eine Besprechung, in der Sie persönlich ange-griffen werden. Wenn Sie Angst haben, die Fassung zu verlieren – sei es vor Wut in Tränen auszubrechen oder die andere Person nur noch mit unflätigen Schimpfworten attackieren zu können – ist es besser, aufzustehen und hinauszugehen. Wenn Sie sich noch ein wenig unter Kontrolle haben, sagen Sie kurz und ohne Be-gründung: „Ich bin in zehn Minuten wieder da." Denn so lange brauchen Sie erfahrungsgemäß, um wieder normal reagieren zu können. Natürlich macht es einen dummen Eindruck, einfach die „Flucht" zu ergreifen. Doch sind die Alternativen besser? Sicher nicht. Und dieses kurze Hinausgehen ist ganz schnell wieder ver-gessen, alle anderen Alternativen vielleicht nicht.

Mit Gelassenheit gewinnen

Im Übrigen können Sie reagieren, wenn Sie sich wieder beruhigt haben. Wenn es Ihnen erforderlich erscheint, können Sie sogar noch eine Erklärung abgeben, etwa: „Herr T. , ich habe mich vorhin über Ihre Bemerkung, ich hätte keine Ahnung von … so geärgert, dass ich hinausgegangen bin, bevor ich explodiert wäre. Aber jetzt sage ich Ihnen: Ich empfand diese Bemerkung als Unverschämtheit." Und dann schweigen Sie. Verzichten Sie darauf, eine Entschuldigung einzufordern, denn das zeugt von wenig Souveränität. Wenn der andere eine „gute Kinderstube" hatte, wird er es von sich aus machen. Wenn nicht, und Sie zwingen ihn dazu, sich vor der ganzen Gruppe zu entschuldigen, haben Sie vielleicht einen Feind mehr: „Freunde kommen und gehen – Feinde sammeln sich an." (McMurphy)

„Lockvögel", die Ihnen die Gelassenheit rauben

Es ist sinnvoll, sich zu fragen, wer und was Ihnen die Gelassenheit raubt, um anschließend ganz gezielt diese „Köder" oder „Lockvögel" zu eliminieren. Vielleicht ist es bei Ihnen der „Perfektionswahn", und Sie regen sich bereits über kleinste Fehler fürchterlich auf, die andere vielleicht gar nicht bemerken.

Im Folgenden werden einige der üblichen „Lockvögel", und wie Sie sich dagegen wehren können, besprochen. Selbst wenn Ihre „Lockvögel" nicht dabei sein sollten; der hier empfohlene Umgang ist übertragbar auf Ihre „Lockvögel".

Test: Wer und was raubt Ihnen die Gelassenheit?

....

....

....

Mangelndes Selbstwertgefühl

Ein „Lockvogel", der einem die Gelassenheit raubt, kann auch das mangelnde Selbstwertgefühl sein.

Wenn Ihr Gegenüber aggressiv reagiert, hat das oft nur indirekt etwas mit Ihnen zu tun, dieser Mensch ist einfach auf diesem Gebiet unsicher. Deshalb ist es wichtig, wenn Sie spüren, dass die Aggression aus Unsicherheit erwächst, das Selbstwertgefühl der anderen Person zu stärken. Diese Erkenntnis hilft Ihnen auch beim Umgang mit Vorwürfen und Angriffen. Wenn Sie wissen, dass es sich oft um Menschen handelt, die mit sich selbst unzufrieden sind und nun ein „Ventil" dafür suchen, fällt es Ihnen leichter, solche Menschen nicht nur zu ertragen, sondern ihnen zu helfen, ihr Selbstwertgefühl zu stabilisieren.

4

Pingeligkeit

Wie pingelig sind Sie? Wenn Sie einen Beruf haben, in dem Sie sehr genau arbeiten müssen und schon der kleinste Fehler eine Katastrophe nach sich ziehen könnte, kann das auf das Privatleben abfärben. Ärgern Sie bereits Kleinigkeiten mehr als andere – etwa die regelmäßig nicht zugedrehte Zahnpastatube – sollten Sie sich überlegen, ob Sie zu solchen Vorfällen nicht eine andere Einstellung gewinnen können und ob der Vorwurf, Sie seien pingelig, den Sie sicher zu hören bekommen, wenn Sie sich über die oben geschilderten Situationen aufregen, nicht berechtigt ist.

Beispiel:

Ich war eingeladen bei einem Ehepaar. Dass ich bereits im Hausflur die Schuhe ausziehen und in bereitgestellte Filzpantoffeln steigen musste, war für mich noch im Rahmen. Als ich jedoch die Hausfrau beobachtete, wie sie mit einem groben Kamm die Fransen des Teppichs glatt strich, empfand ich sie bereits als pingelig. Und als ich mich etwas genauer im Wohnzimmer umschaute, verstärkte sich mein Eindruck. Die Bücher waren nach Größe und Farbe geordnet, die Sofakissen hatten den berühmten Kniff in der Mitte, alles war wohl aufgeräumt, nirgendwo entdeckte ich auch nur den Hauch von Unordnung. Es wunderte mich deshalb nicht, dass die Frau des Hauses ziemlich gestresst wirkte.

Mit Gelassenheit gewinnen

Achtung: Wenn Sie sich als zu pingelig empfinden und das ändern möchten, empfehle ich Ihnen für solche Situationen einen Ausspruch einer meiner Töchter, den ich mir anhören musste, als ich einmal wegen ihres unaufgeräumten Zimmers einen Wutanfall bekam: „Mama, das darfst du alles nicht so eng sehen, nicht so verbissen. Sieh das alles doch mehr global-intergalaktisch."

„Aus einer Mücke einen Elefanten machen"

4 Manche Menschen haben darin fast schon eine Begabung! Ein kleiner Vorfall, und schon ist Ihnen der ganze Tag verdorben. Gehören Sie etwa auch dazu? Stellen Sie sich bitte folgende Situation vor:

Sie wohnen in einem Dreifamilienhaus. Alle Waschmaschinen der Mieter stehen in der Waschküche. Als Einzige haben Sie dort unten auch einen Wäschetrockner stehen. Ein neuer Mieter, ein junger Mann, zieht ein. Eines Tages bemerken Sie, dass er offensichtlich Ihren Wäschetrockner mitbenutzt. Was tun? Wutentbrannt an seiner Wohnungstür klingeln und ihm verbieten, Ihren Wäschetrockner zu benutzen? Das wäre eine wenig gelassene Reaktion. Außerdem könnte es sein, dass ihm ein anderes Familienmitglied erlaubt hätte, Ihren Wäschetrockner mitzubenutzen. Und dann würden Sie etwas dumm dastehen, wenn Sie es bei dem Gespräch erfahren würden. Oder er würde pampig reagieren, Sie würden noch wütender werden, das Verhältnis zwischen Ihnen und dem jungen Mann wäre von Anfang an vergiftet, und Sie würden sich jedes Mal ärgern, wenn Sie ihn sehen.

Was wäre demnach eine gelassene Reaktion? Als mir dies passierte, musste ich einfach nur grinsen und meine innere Stimme sagte zu mir: „Leute gibt es!", und ich beschloss, mich erst einmal schlau zu machen, ob es ihm jemand aus meiner Familie erlaubt hätte. Das war nicht der Fall. Darauf nahm ich mir vor – gerade um aus einer Mücke keinen Elefanten zu machen – ihn bei Gelegenheit freundlich darauf anzusprechen und zu bitten, seine Wäsche im Trockenraum aufzuhängen.

Kritikempfindlichkeit

Wie kritikempfindlich sind Sie? Wenn Sie sagen, ziemlich, und es stört Sie, dass Sie so empfindlich sind, weil es Ihnen Ihre Gelassenheit raubt, dann fragen Sie sich, ob es wirklich besser wäre, wenn Ihnen Kritik nichts ausmachen würde. Wenn Sie jetzt meinen, das wäre auch nicht gut, dann bewerten Sie Ihre Kritikempfindlichkeit positiv. Denn diese Empfindlichkeit zeigt, dass Sie die Kritik anderer Menschen ernst nehmen – und das ist doch etwas Erfreuliches.

Wenn Sie jetzt noch erkennen, dass Ihnen jede Kritik hilft, sich persönlich zu verbessern oder weiterzuentwickeln, sollten Sie wirklich jedes Mal mit Überzeugung „Danke" sagen, wenn Sie jemand kritisiert. Damit Ihnen das gelingt, ist es wichtig, sich nicht über die Form der Kritik aufzuregen. Denn die Form kann manchmal vielleicht unangemessen sein, doch steckt in jeder Kritik immer ein „Körnchen Wahrheit". Deshalb lohnt es sich, danach zu suchen.

Finden Sie die Kritik wirklich übertrieben oder unzutreffend, können Sie sie leichter wegstecken, wenn Sie sich angewöhnen, nach anderen Gründen für das Verhalten des anderen zu suchen. Vielleicht wollte er nur Frust weitergeben, und Sie waren das Opfer, vielleicht war es auch ein Nörgler, der immer das „berühmte Haar in der Suppe" findet.

Eine geniale Methode, um Abstand zu gewinnen, ist, die Beobachterposition einzunehmen. Sie können lernen, sich selbst zu beobachten, sich quasi selbst über die Schulter zu schauen und dann zu sich sagen: „Interessant, wie ich mich aufrege. Mein Gegenüber muss mich nur ‚schief' angucken, und schon rege ich mich auf."

Wichtig: Bei pauschaler Kritik unbedingt nach Einzelheiten fragen: „Ich würde gern mein Verhalten verbessern. Was konkret müsste ich dafür Ihrer Meinung nach tun?"

Perfektionswahn

Perfektion ist durchaus etwas Wünschens- und Erstrebenswertes; denn wer an sich selbst keine Ansprüche stellt, wird auch nie etwas Außerordentliches in seinem Beruf oder Leben erreichen.

Mit Gelassenheit gewinnen

Der „Perfektionswahn" hingegen ist ein gefährlicher „Lockvogel". Hier stellen Sie an sich und andere Menschen überzogene Anforderungen. Jedes Detail muss stimmen. Deshalb wird ein solcher Mensch oft als kleinlich empfunden. Er wird von Kollegen und Mitmenschen gehasst, oder man macht sich über ihn lustig. Perfektionswahn raubt Ihnen nicht nur die Gelassenheit, sondern auch die Freunde und die Freude am Leben. Ich kenne einen leitenden Angestellten, der aus Angst, seinen Ruf als „Perfektionist" auf's Spiel zu setzen, lieber frühzeitig in den Ruhestand ging, ehe dieses Bild Risse bekam. Wenn Sie äußerst kritikempfindlich sind, kann das ein Indiz dafür sein, dass Sie diesem „Lockvogel" erlegen sind.

4

Natürlich gibt es Dinge, bei denen Perfektion notwendig ist, etwa im medizinischen Bereich, wo es um genaue Dosierungen geht, oder auch in der Buchhaltung, wo die Rechnungen stimmen müssen. Eine gewisse Großzügigkeit können Sie dagegen beim Schriftverkehr zeigen, statt eines perfekten Briefes beispielsweise auch mal ein handschriftliches Fax abzuschicken.

Achtung: Bedenken Sie: Jeder Stress ist hausgemacht, und wie viel Stress Sie zulassen, entscheiden Sie!

Praxis-Tipp:

Ersetzen Sie den „Perfektionswahn" durch das Setzen von Prioritäten und entscheiden Sie danach, was wie perfekt gemacht werden muss. Zeigen Sie den berühmten „Mut zur Lücke".

Workaholics

Ein sicheres Kennzeichen für „Workaholics" ist, dass ihnen nur noch die Arbeit Erfüllung bringt und alle üblichen Freizeitvergnügen, wie mit Freunden mal einen gemütlichen Abend zu verbringen oder einfach mal gemütlich auf dem Sofa zu liegen und sich eine CD anzuhören, auf diese Menschen wie reine Zeitverschwendung wirken. Natürlich gibt es Termine, und wenn die nicht eingehalten werden, kann es vielleicht einen wichtigen Auftrag kosten. Dennoch ist eine Erkenntnis für den Workaholic hilfreich: „Wer zu viel schafft, verliert den Überblick." Gelassenheit bringt diesen Überblick und vor allem den Abstand, um die richtigen Prioritäten zu setzen.

Übung: Stressempfinden

Machen Sie ein kleines Experiment. Sie brauchen dazu eine Uhr mit Sekundenzeiger. Wenn er gerade bei der Zwölf ist, legen Sie den Kopf auf den Tisch und nehmen ihn erst wieder hoch, wenn Sie meinen, eine Minute sei vorbei. Überprüfen Sie dann, wie viel Zeit tatsächlich vergangen ist – meistens weniger. Wenn ich diese Übung im Seminar mache, gehen die ersten Köpfe schon nach 35 Sekunden hoch, länger als eine Minute halten es die wenigsten aus. Diese kleine Übung kann Ihnen Aufschluss darüber geben, wie gestresst Sie im Alltag sind.

Zur Gelassenheit gehören innere Ruhe, „Zeit haben" oder sich auch „die Zeit nehmen". Das geht zwar objektiv gar nicht, denn für jeden Menschen hat ein Tag 24 Stunden, trotzdem empfinden wir so, als könnte man „sich Zeit nehmen".

Test: Worin zeigt sich Gelassenheit?

Machen Sie den folgenden Test, indem Sie die Statements laut aussprechen. Wenn Sie dabei jedes Mal mit dem Kopf nicken können, haben Sie ein gesundes Maß an Gelassenheit erreicht:

- Ich bin nicht rechthaberisch, weil ich weiß, dass jeder Mensch von seinem Standpunkt aus recht hat.

- Ich verwechsle Meinungen nicht mit Tatsachen.

- Ich vermeide Pauschalurteile und Verallgemeinerungen.

- Ich bleibe allen Möglichkeiten offen.

- Ich beherrsche gewisse Selbstmanagementtechniken, um innerlich wieder zur Ruhe zu kommen, wenn ich mich über etwas geärgert habe.

- Ich weiß, dass meine Gefühle stärker als mein Verstand sein können und ich erst dann vernünftig reagieren kann, wenn der Verstand wieder die Oberhand gewonnen hat.

- Es muss nicht alles sofort erreicht werden: „Penetranz bringt Wirkung" oder „Der Weg ist das Ziel".

Der philosophische Weg zu mehr Gelassenheit und Souveränität

Abstand gewinnen

Eine gute Möglichkeit, Abstand zu gewinnen, ist das Aufschreiben dessen, worüber Sie sich ärgern. Ich habe des Nachts schon so manchen wütenden Brief geschrieben und konnte daraufhin ruhig weiterschlafen. Am nächsten Tag habe ich ihn entweder überarbeitet abgeschickt oder in den Papierkorb geworfen, weil ich im Abschicken keinen Sinn mehr sah.

4

Praxis-Tipp:

Manche Leute schreiben auch heute noch Tagebuch. Ich bewundere diese Menschen, denn es hilft, Abstand zu gewinnen. Vielleicht gelingt es Ihnen, sich mit einem Tagebuch den Ärger von der Seele zu schreiben.

Bleiben Sie allen Möglichkeiten gegenüber offen

Wir sind oft in unserem Denken beschränkt und haben immer nur die wahrscheinlichsten Möglichkeiten im Kopf. Dazu ein Erlebnis, das Sie vielleicht auch schon einmal hatten.

Beispiel:

Sie schicken jemandem Unterlagen, die dieser dringend benötigt. Drei Tage später ruft die Person Sie an und ist ziemlich erregt: „Sie hatten mir doch versprochen, die Unterlagen zu schicken! Ich habe sie immer noch nicht." Sie erwidern wahrheitsgetreu: „Ich habe Sie Ihnen vor drei Tagen geschickt." Hier gibt es offensichtlich zwei Wahrheiten zur gleichen Zeit. Kann das sein? Sicher. Doch wo ist der Brief geblieben? Hier fällt einem die zum Glück immer noch unwahrscheinlichste Lösung sofort ein: Die Post hat ihn verschlampt. Doch meist klärt sich die Angelegenheit in einer Weise auf, mit der man nicht gerechnet hatte.

Wichtig: Bevor Sie einen anderen Menschen beschuldigen, fragen Sie erst einmal; denn vielleicht ergeben sich im Gespräch Erklärungen, auf die Sie von allein nicht gekommen wären.

Wenn Sie jemand beschuldigt, ist es das Beste, nachdem Sie ihn haben ausreden lassen, ihn darauf aufmerksam zu machen, dass er nicht die „Wahrheit gepachtet" hat und es vielleicht doch noch andere Möglichkeiten gibt als die, die er im Kopf hat.

Übung: „Beschränktes" Denken

In meinen Seminaren mache ich an dieser Stelle immer ein kleines Experiment, um zu zeigen, dass wir wirklich in unserem Denken beschränkt sind. Sie können es gern ausprobieren!

4

Stellen Sie einer anderen Person mündlich folgende Aufgabe, die diese in 30 Sekunden lösen soll: Teilen Sie 13 in zwei Teile, wie viele Möglichkeiten gibt es?

Nach einer halben Minute werden Sie feststellen, dass nur die wenigsten die richtige Antwort gefunden haben. Sie lautet nämlich: „Unendlich." Wenn nicht alle diese Antwort haben, liegt es daran, dass sie etwas gehört haben, was Sie gar nicht gesagt haben, etwa: „Teilen Sie 13 in zwei gleiche Teile", oder manche haben auch gehört: „Teilen Sie 13 in ganze Zahlen." Der Gag ist dann noch, dass Sie noch nicht einmal gesagt haben: „Teilen Sie die Zahl 13 in zwei Teile", so dass man sich auch das Wort hätte vorstellen können, oder man hätte auch an römische Ziffern denken können oder sogar an „drei Zehen".

Überprüfen Sie Ihre Einstellung zur „Wahrheit"

Rechthaberei begünstigt Fanatismus und der ist das Gegenteil von Gelassenheit. Wenn man bei Auseinandersetzungen gelassener reagieren möchte, ist es gut, sich daran zu erinnern, dass es je nach Standpunkt mehrere Wahrheiten zur gleichen Zeit gibt.

Mit der „Fey-Tasse" (siehe Abbildung auf der nächsten Seite) möchte ich Ihnen ein Modell an die Hand geben, das Ihnen hilft, die grundlegende Problematik von Konflikten und Auseinandersetzungen frühzeitig zu analysieren, um dann zusammen mit allen Beteiligten nach friedvollen Lösungsmöglichkeiten zu suchen.

Mit Gelassenheit gewinnen

Streitereien entstehen oft, weil jeder glaubt, Recht zu haben. Der Witz ist nun der, dass das tatsächlich der Fall sein kann! Und dennoch sollten alle erkennen, dass es sich immer nur um Bruchstücke der absoluten Wahrheit handelt.

Die absolute Wahrheit ist viel zu komplex, als dass es einem einzelnen Menschen möglich wäre, sie in ihrer Komplexität zu erfassen. Doch das vergessen wir im Alltag nur allzu oft. Wenn nun eine andere Person behauptet, die Wahrheit zu sagen, genau wie Sie auch, ist es oft vorbei mit der Gelassenheit, und Sie regen sich auf, dass die andere Person stur und fest behauptet, ihre Aussage entspräche der Wahrheit und das würde ja bedeuten, Sie würden lügen! So jedenfalls die landläufige Vorstellung.

Achtung: Doch selbst wenn jeder von seinem Standpunkt aus Recht hat, kann man Lösungen finden, die alle ohne Gesichtsverlust akzeptieren können.

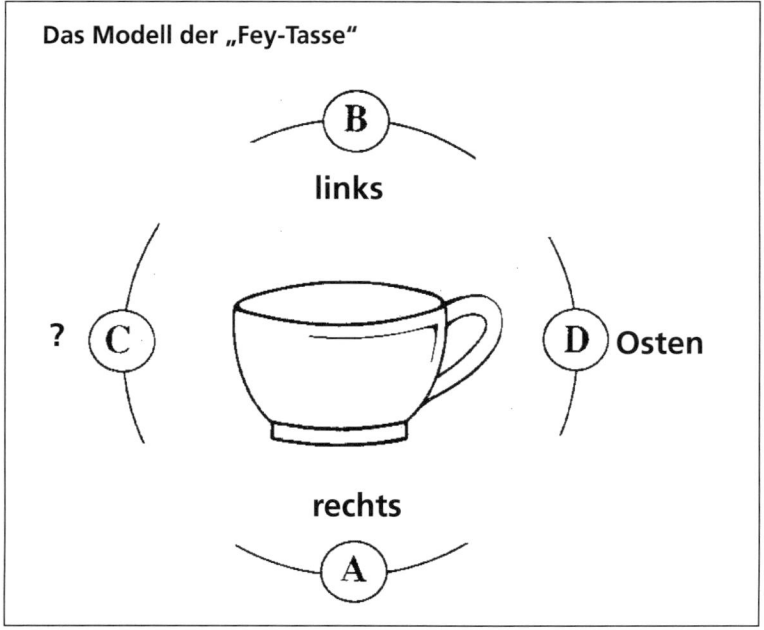

Das Modell der „Fey-Tasse"

Der philosophische Weg zu mehr Gelassenheit und Souveränität

Erläuterung:

Stellen Sie sich eine Tasse vor. Sie (A) stehen vor der Tasse und behaupten, der Henkel sei rechts. Das ist eine wahre Aussage, und deshalb vertreten Sie sie. Die andere Person (B) steht hinter der Tasse und behauptet steif und fest, der Henkel sei links. Doch nicht nur das, es kommt noch eine dritte Person (C) hinzu, die links von der Tasse steht und die mit dem Brustton der Überzeugung behauptet, die Tasse hätte überhaupt keinen Henkel, und sei folglich keine Tasse, sondern ein Becher. Eine vierte Person (D), ein Vermessungsingenieur, steht rechts von der Tasse, beobachtet die Auseinandersetzung. Kurze Zeit später zieht er einen Kompass aus der Tasche und verkündet in einem leicht überheblichen Ton: „Also ich verstehe nicht, worüber Sie sich streiten! Wozu gibt es denn Messinstrumente? Und ich sage Ihnen, der Henkel zeigt nach Osten." Jetzt entsteht ein betretenes Schweigen. Klingt plausibel, oder? Doch ist das die absolute Wahrheit? Nein, auch Messinstrumente können falsch anzeigen, weil sie nicht richtig eingestellt oder defekt sind. Deshalb seien Sie auch bei objektiven Kriterien misstrauisch. Vielleicht erscheinen sie nur objektiv.

Ergebnis: Es gibt jetzt bereits vier unterschiedliche Standpunkte, und es sind längst noch nicht alle. Es fehlt noch jemand, der die Tasse von oben, oder auch jemand, der die Tasse von unten betrachtet.

1. Erkenntnis

Die erste Erkenntnis, die allen Beteiligten unmittelbar einleuchtet, ist: Es gibt offensichtlich mehrere Wahrheiten zur gleichen Zeit.

2. Erkenntnis

Ausgehend davon können Sie sich nun sicher auch mit Hegels Satz anfreunden, der im Vorwort zur „Phänomenologie des Geistes" steht: „Das Ganze ist das Wahre."

Wenn Sie diese Stufe der Erkenntnis erreicht haben, ist es leichter, bei Auseinandersetzungen gelassen zu bleiben und jedem Anwesenden recht zu geben; denn es gibt keinen „falschen" Standpunkt. Jede Person hat aus ihrer Perspektive recht, und das kann man ihr auch zugestehen. Achten Sie bei Diskussionen darauf, als Beteiligter, und ganz besonders, wenn Sie diese leiten, dass Formulierungen wie „Das sehen Sie völlig falsch" zurückgenommen werden. Denn wenn die andere Person nicht gerade einen Augenfehler hat, sieht sie es schon richtig. Angemessen ist die Aussage: „Das mag aus Ihrer Perspektive so sein, ich als Ingenieur sehe …" Diese Formulierung ist korrekt.

Mit Gelassenheit gewinnen

Vermeiden Sie auch zu sagen: „Da haben Sie völlig recht, aber ..."
Dieses „aber" macht die andere Person meist aggressiv, weil damit
alles vorher Gesagte – etwa ein Lob – aufgehoben wird.

Ebenso aggressionsfördernd ist eine weitere, sehr beliebte Äußerung: „Da muss ich Ihnen widersprechen!" Wieso? Es handelt sich
hier gar nicht um „Widersprüche", sondern um Inkompati-
bilitäten! Nur wenn einer vor der Fey-Tasse steht und behauptet,
der Henkel sei links, ist es ein Widerspruch zu der Person, die auch
vor der Fey-Tasse steht und sagt: „Der Henkel ist rechts."

4

Entscheidend für eine friedliche Konfliktlösung ist die Akzeptanz
der unterschiedlichen Standpunkte. Deshalb gilt:

3. Erkenntnis

Nicht über Standpunkte streiten.

4. Erkenntnis

Bereit sein, sich kurzfristig auch einmal auf den Standpunkt der
anderen Person zu stellen.

5. Erkenntnis

Verständnis für andere Standpunkte zeigen.

6. Erkenntnis

Anderen zeigen, dass sie trotz unterschiedlicher Standpunkte als
Mensch geschätzt werden: „Ich bin okay", „Du bist okay". Sie wei-
sen damit außerdem darauf hin, dass Sie im Gegenzug die gleiche
Wertschätzung erwarten.

7. Erkenntnis

Ergänzen Sie diese Erkenntnis bitte noch durch einen Zusatz, der
den Synergie-Effekt verdeutlicht. Es ist eine statistische Wahrscheinlichkeit, die in der Gruppendynamik entdeckt wurde, dass
Teams bei komplexen Entscheidungen eher die optimale Lösung
finden als eine einzelne Person, deshalb:

8. Erkenntnis

„Zusammen sind wir phantastisch."

Damit in das Modell noch eine dynamische Komponente hinein-kommt, bietet sich die Wahrheitsdefinition des Religionsphilosophen Martin Buber an:

9. Erkenntnis

„Meine Wahrheit ist stets meine Wahrheit und eine Stelle auf einem Weg, dessen Ende ich nicht kenne."

4

Wenn bei diesen Erkenntnissen alle Beteiligten mit dem Kopf nicken, sind Sie einen entscheidenden Schritt weitergekommen und können gelassen nach einer Lösung suchen. Denn mit der Erkenntnis allein, dass jeder von seinem Standpunkt aus recht hat, ist der Konflikt noch nicht gelöst.

Welche Lösungsmöglichkeiten gibt es?

Es gibt prinzipiell fünf. Wenn Sie sie kennen, können sie der Reihe nach „durchexerziert" werden. Wenn alle Beteiligten den guten Willen haben, zu einer Lösung zu kommen, werden sie auf der Basis der „Fey-Tasse" auch eine finden.

Möglichkeit 1: Alle beteiligten Personen tragen zu einer komplexen Lösung ihren Anteil bei.

Sie können es mit dem Bau eines Hauses vergleichen oder der Neuentwicklung eines Autos oder einem Fest. Hier tragen alle zum Gelingen des Ganzen unter Einbeziehung von Synergie-Effekten bei.

Möglichkeit 2: Einer überzeugt die anderen von seiner Sichtweise.

Das bedeutet meist eine Entscheidung aufgrund von Prioritäten, dass es etwa in der heutigen Zeit sinnvoll ist, den Henkel rechts zu sehen.

Mit Gelassenheit gewinnen

> **Beispiel:**
>
> Bei einer großen Automobilfirma hatten sich sicher die Kaufleute durchgesetzt, damit ein neues Modell möglichst rasch auf den Markt kam. Nachdem das Auto bei einem Test umfiel, wurde das Modell erst einmal für mehrere Monate vom Markt genommen, um es zu verbessern. Bei dieser Entscheidung hatten sich wahrscheinlich die Ingenieure durchgesetzt, weil jetzt die Priorität der Sicherheit und der Aufpolierung des angeknacksten Image galt.

4

Möglichkeit 3: Man findet einen Kompromiss.

Diese Lösung ist sehr beliebt, denn dabei muss sich jeder mehr oder weniger von seinem Standpunkt entfernen. Interessant ist bei solchen Auseinandersetzungen, wie weit sich der Einzelne von seinem Standpunkt wegbegibt.

> **Beispiel:**
>
> Denken Sie an Lohn- und Gehaltsverhandlungen zwischen Arbeitgebern und Gewerkschaften:
>
> Die eine Seite bietet zwei Prozent Lohnerhöhung, die andere fordert sechs Prozent.
>
> Nun wissen wir schon aufgrund der Erfahrung aus der Vergangenheit, dass sie sich irgendwo zwischen zwei Prozent und sechs Prozent einigen werden. Doch wo? Das ist das Spannende.

Möglichkeit 4: Man sucht nach einem „Kompass".

Diese Lösung bietet sehr viele Möglichkeiten. Kompasse können sein:

- Statistiken

- Gesetze

- ein Mensch, dessen Urteil als Maßstab genommen wird

Vorteil der Kompasslösung ist, dass niemand einen vielleicht auch nur eingebildeten Gesichtsverlust erleidet.

Bei Lohn- und Gehaltsverhandlungen wird deshalb manchmal ein Schlichter eingeschaltet, dessen Schiedsspruch dann von beiden Parteien angenommen wird.

Beispiel:

Ein in Scheidung stehendes Ehepaar streitet sich beim Rechtsanwalt um den Hausrat. Die Frau will die Münzsammlung, weil diese ursprünglich von ihrem Großvater angelegt wurde; der Mann besteht auf einem Gemälde, das ihnen zum zehnten Hochzeitstag geschenkt wurde. Diese Auseinandersetzungen sind meist sehr zeitaufwendig und kosten Nerven. Deshalb schlug der Rechtsanwalt vor, auf Stundenhonorarbasis von 500 Euro weiter zu verhandeln. Da das Ehepaar sofort erkannte, dass eine Einigung dann sehr teuer werden und den Wert der Gegenstände überschreiten würde, waren sich beide auf einmal einig, den Hausrat lieber allein unter sich aufzuteilen. Hier war also die Vorstellung, den Rechtsanwalt nicht auch noch an der Aufteilung des Hausrats Geld verdienen zu lassen, der „Kompass".

Möglichkeit 5: Man findet eine Lösung über einen Interessenausgleich.

Ein Interessenausgleich basiert auf der Erkenntnis, dass Standpunkte nicht aus Rechthaberei eingenommen werden, sondern weil dahinter Interessen stehen. Doch diese Interessen werden oft nicht genannt, oder sie sind den Einzelnen manchmal auch nicht bewusst. Die Kunst besteht nun darin, nach gemeinsamen Interessen zu fahnden beziehungsweise herauszuarbeiten, dass die eigentlichen Interessen ganz andere sind.

4

Beispiel:

Unser in Scheidung stehendes Ehepaar ist auch für einen Interessenausgleich gut. Sie streiten sich diesmal um einen Bauernschrank, den sie gemeinsam in den Flitterwochen auf einem Flohmarkt entdeckt hatten. Der Mann hat ihn bezahlt und die Frau hat ihn liebevoll restauriert. Der Rechtsanwalt erkannte jedoch, dass hinter den Argumenten unterschiedliche Interessen standen. Die Frau wollte wirklich den Schrank, während der Mann die Absicht hatte, ihn hinterher zu verkaufen, weil er durch die Restaurierung im Wert gestiegen war. Der Interessenausgleich wurde dann über Geld gefunden, das die Frau dem Mann für den Schrank zahlte.

Praxis-Tipp:

Wenn Sie bisher Probleme hatten, Ihre Meinung gegen Widerstand zu behaupten und Sie sich leicht von anderen einschüchtern ließen, hilft Ihnen das Modell der „Fey-Tasse" dabei, nicht sofort Ihre Meinung aufzugeben oder zusammen mit der anderen Person einen „Kompass", einen Interessenausgleich oder einen Kompromiss zu suchen.

Der pragmatische Weg zur Gelassenheit durch bewussten Umgang mit der Zeit

So wie jedes Gefühl ist auch Stress „hausgemacht", denn Sie erzeugen ihn selbst. Vielleicht gehören Sie zu den Menschen, die ständig gehetzt durch die Gegend rennen und immer in der Angst leben, etwas zu vergessen und immer an drei Dingen gleichzeitig arbeiten. Hier hilft ein Grundsatz: „Tue, was Du tust", der aus dem Zen-Buddhismus stammen soll. Er hing lange Zeit über meinem Schreibtisch. Ich hatte nämlich gemerkt, dass ich mir selbst zusätzlichen Stress machte, wenn ich versuchte, gleichzeitig mehrere Sachen zu machen. Seit dieser Zeit gehöre ich zu den „Leertischlern" und nicht mehr zu den „Volltischlern": Der „Leertischler" hat immer nur den zu bearbeitenden Vorgang auf dem Tisch. Alles andere ist geordnet in Mappen, die dann auf den Tisch gelegt werden, wenn man sie braucht. Der „Volltischler" ist jemand, dessen Schreibtisch überquillt und darüber Notizzettel aufgehängt hat, um ja nichts zu vergessen.

Teilen Sie Ihr Leben zukünftig in drei Phasen ein: aktive Phase, schlafen und bewusste Muße.

Das klingt einfach und logisch. Doch wenn Sie es probieren, werden Sie feststellen, dass es gar nicht so einfach ist, auch hier das „Tue, was Du tust" anzuwenden. Wenn Sie es jedoch schaffen, werden Sie damit Bummelei und Gammelei aus Ihrem Leben verbannen.

4

> **Praxis-Tipp:**
>
> Fragen Sie sich bitte, ob Sie alles, was Sie selbst erledigen, nicht auch delegieren können. Manchmal ist es die Angst, ein anderer könnte es nicht so gut wie Sie erledigen, die Sie daran hindert. Vertrauen Sie anderen Menschen und geben Sie ihnen die Chance, etwas Neues zu lernen!

Manchmal ertappt man sich dabei, dass man Dinge nur macht, weil man sich vorstellt, was die Nachbarn sagen würden, etwa wenn das Auto immer so ungepflegt ausschaut, der Rasen schon längst gemäht werden sollte oder der Gehweg vor dem Haus nicht jeden Samstag gefegt wird. Diese Zwangsvorstellung sollten Sie über Bord werfen; denn es ist hin und wieder schon erstaunlich, wie wenig andere Menschen über Sie nachdenken.

Nehmen Sie sich selbst nicht so wichtig oder machen sich den saloppen Spruch „Ist der Ruf erst ruiniert, dann lebt es sich gänzlich ungeniert" zu eigen, und Sie werden weniger Stress haben. Wenn Sie dagegen jeden Samstag Ihren Wagen waschen, bloß damit keiner Ihrer Nachbarn über Ihr dreckiges Auto lästert, müssen Sie auch jede Woche daran denken, zur Autowaschanlage zu fahren. Deshalb: Gelassenheit siegt! Lassen Sie Ihr Auto dreckig vor dem Haus stehen und schlafen Sie stattdessen aus!

Mit Gelassenheit gewinnen

Übung: Delegieren

Schreiben Sie auf, was Sie zukünftig delegieren werden oder welche Tätigkeiten Sie seltener oder gar nicht mehr machen werden:

....

....

....

4 ....

....

....

....

....

....

....

....

....

Auf Vorwürfe angemessen reagieren

5

Was Sie grundsätzlich wissen sollten

Die Glaubwürdigkeit von Aussagen hängt weitgehend von der Stimmigkeit zwischen Worten, Tonfall und Körpersprache ab. Wenn Sie eine Situation entschärfen wollen, zerbrechen Sie sich nicht nur den Kopf darüber, was Sie sagen werden, sondern auch, wie Sie es sagen werden, damit Sie durch die Stimmigkeit zwischen Worten, Tonfall und Körpersprache überzeugen. Sie können sogar noch einen Schritt weitergehen und zu dem Schluss kommen, dass es manchmal gar nicht so wichtig ist, sich stunden- oder gar tagelang um die richtigen Worte zu bemühen, sondern sich bildlich vorzustellen, wie Sie etwa einer Kollegin Ihre Meinung sagen, wie Sie dabei stehen, gucken, den Kopf halten und sich bewegen.

5

Worte/Sprache richtig nutzen

Selbst wenn man auf die Glaubwürdigkeit eines Menschen nicht unbedingt aus dem, was er sagt, schließt, lohnt es sich trotzdem, seine Worte in Situationen, die zu eskalieren drohen, mit Bedacht zu wählen. Vermeiden Sie deshalb Worte, die die andere Person noch mehr reizen: „Sie müssen doch einsehen, dass, …" Mit dieser Äußerung wird das Gegenüber zum Kind degradiert, kein Wunder, wenn man sich das als Erwachsener nicht gefallen lassen möchte.

Eine Todsünde ist es, einem Menschen, der sich gerade im hormonellen Nebel befindet, zu widersprechen, es sei denn, Sie wollen miterleben, wie der andere anfängt, Ihre Möbel zu zertrümmern! Besser ist es, das Befremden über seine Meinung zu äußern: „Das erstaunt mich, dass Sie mich für frauenfeindlich halten …" Oder: „Mag sein, dass ich diesen Eindruck bei Ihnen hervorrief, deshalb sage ich jetzt ganz deutlich, …"

Manchmal versucht man, die andere Person zu besänftigen, indem man ihr zuerst recht gibt, um dann mit einem „aber …" diese Aussage wieder aufzuheben: „Das ist zwar richtig, aber …" Oder: „Ich gebe Ihnen vollkommen Recht, aber …" Auch wenn das eine sehr übliche Taktik ist, heißt das noch lange nicht, dass sie empfehlenswert ist.

Praxis-Tipp:

Machen Sie gleich von vornherein eine Einschränkung und ersetzen Sie „aber" durch das Wort „dennoch".

Beispiel:

„Es freut mich, dass Sie – ebenso wie ich – eine Bevorzugung von Frauen ablehnen. Dennoch bin ich der Meinung, dass wir die Einstellungskriterien ändern müssen, wenn wir in diesem Bereich mehr Frauen haben wollen."

5

„Ich-Botschaften" sind besser als „Du-Botschaften"

Wenn Sie bei Streitereien spüren, dass Sie bald die Kontrolle verlieren, kommt meist prompt die Schuldzuweisung: „Du regst mich auf." Selbst wenn das Ihr subjektiver Eindruck ist, so wissen Sie ja bereits, dass Sie Ihre Gefühle selbst erzeugen, und deshalb ist es ehrlicher zu sagen: „**Ich** rege mich darüber auf, dass schon wieder deine schmutzigen Socken im Wohnzimmer liegen."

Achten Sie besonders auf die „Verstärker", die Sie in solchen Auseinandersetzungen verwenden. Bei dem Satz mit den schmutzigen Socken ist es das „schon wieder", in anderen Äußerungen ein „doch": „Räum doch endlich auf." „Natürlich wusstest du das." „Mach bloß kein Theater."

Leichter ist es, Verallgemeinerungen und Pauschalierungen aus seinem Wortschatz zu verbannen, denn mit Worten wie „immer", „jeder", „alle", „keiner", niemals", „nie" geben Sie einem anderen Menschen die Möglichkeit, sich über die Form aufzuregen und nicht auf den Inhalt einzugehen. Sie meckern: „Nie sind die Unterlagen fehlerfrei." „Was heißt hier ‚nie'? Vorgestern waren sie makellos."

Achtung: Sich auf jeden Fall Schimpfwörter zu verkneifen, ist zwar selbstverständlich, dennoch nicht ganz leicht einzuhalten.

Checkliste: Worte/Sprache

- Reizworte vermeiden
- Nicht widersprechen
- Keine Schuldzuweisungen
- Verstärker weglassen
- Keine Verallgemeinerungen und Pauschalierungen
- Schimpfwörter weglassen

5

„Power Talking" oder die Sprache des Erfolgs

Dieser amerikanische Begriff wurde in Deutschland bekannt durch George Walther (s. Literaturverzeichnis). Er umfasst sowohl den positiven Sprachgebrauch als auch die Forderung nach einer klaren Sprache „ohne Schnörkel".

Positive statt negative Formulierungen

Es ist oft erstaunlich, wie erfolgreich wir sind, wenn wir etwas positiv statt negativ ausdrücken. Bereits Aristoteles empfahl Eltern, die ihre Kinder zur Wahrheitsliebe erziehen wollen, dies positiv zu formulieren: „Wenn du die Wahrheit sagst, wirst du von Menschen und Göttern geliebt!" und nicht zu drohen, wie wir das vielleicht spontan machen würden: „Wenn du lügst, wirst du von Menschen und Göttern gehasst."

So klingt es gleich viel freundlicher, wenn Ihnen gesagt wird: „Wir haben bis 18 Uhr für Sie geöffnet", statt: „Wir schließen um 18 Uhr."

„Schnörkellose" Sprache

Manchmal erwartet man von anderen Menschen, dass sie Gedanken lesen können: „Wenn du mich liebtest, wüsstest du …" oder: „Hättest du bemerkt …" – Verlassen Sie sich lieber nicht darauf, sondern sagen Sie klar, was Sie wollen und auch wie Sie behandelt werden wollen: „Der Pullover hat einen Webfehler. Ich hätte gern

den gleichen ohne diesen Fehler." Statt: „Wäre es vielleicht möglich, den Pullover umzutauschen, denn er hat einen Webfehler."
„Ich gehe jetzt eine Stunde schwimmen. Kann ich noch irgendetwas für dich tun?" Statt: „Dürfte ich mal eine Stunde schwimmen gehen?"

Tonfall/Sprechweise bewusst einsetzen

Ziel muss es sein, einen Tonfall zu finden, der „freund"-lich ist, jedoch trotzdem bestimmt klingt und den man als neutral empfindet. Das ist gar nicht so einfach, und deshalb sollten Sie das, was Sie jemand anderem sagen wollen, zu Hause üben. Angenommen, ein Kollege nervt Sie, weil er sich hin und wieder über Sie lustig macht.

5

Übung: „Live-Auftritt"

Schreiben Sie sich gemäß den obigen Regeln das auf, was Sie inhaltlich sagen wollen. Wenn Sie meinen, Sie hätten die richtigen Worte, den passenden Tonfall und das dazu passende Auftreten „drauf", sollten Sie es mit einem Aufnahmegerät aufzeichnen und prüfen, wie es klingt. Noch besser ist es, wenn Ihnen jemand zuhört und Ihnen ein Feedback gibt. Sie werden feststellen, dass es Ihnen in solchen Situationen ungemein den Rücken stärkt, wenn vorher jemand zu Ihnen gesagt hat: „Jawohl, so ist es gut, genau so musst du es ihm/ihr sagen."

> **Praxis-Tipp:**
>
> Zu einem bestimmt klingenden Tonfall gehören eine aufrechte Körperhaltung, ein gerade gehaltener Kopf und vor allem ein fester Blickkontakt; denn wenn Sie mit gesenktem Haupt vor jemandem stehen, wird dieser Sie und Ihr Anliegen kaum ernst nehmen.

Wenn Sie den Eindruck haben, Sie würden ohne Betonung sprechen, oder wenn Sie Schwierigkeiten bemerken, „Sachen auf den Punkt" zu bringen, hilft Ihnen folgende Übung:

Übung: Sprechen auf Wirkung

Stellen Sie sich vor einen Tisch und äußern Sie laut zu einem bestimmten Thema Ihre Meinung: „Ich bin dafür, dass mehr Kindertagesstätten eingerichtet werden sollten."

Klingt langweilig, nicht wahr? Deshalb nehmen Sie jetzt eine alte Zeitung. Rollen Sie sie fest zusammen und umwickeln Sie sie mit Klebeband. Jetzt wiederholen Sie Ihre Meinung, indem Sie die Zeitungsrolle in eine Hand nehmen und bei dem Wort, das Sie betonen wollen, kräftig auf den Tisch schlagen: „Ich fordere mehr Kindertagesstätten."

Was ist das Ergebnis? Nun, Sie haben es selbst gehört: Das zweite Mal wurde die Formulierung knapper, und Ihr rednerischer Wille kam durch die stärkere Betonung klar zum Ausdruck.

5

Gewöhnen Sie es sich deshalb an, wenn Sie sich auf einen Vortrag oder auf ein Gespräch vorbereiten, bei dem Sie Ihre Interessen vertreten wollen, vorher mit der Zeitungsrolle in der Hand laut zu üben. Sie werden über sich und Ihre dynamische Sprechweise überrascht sein.

Noch ein Tipp: Frauen neigen manchmal dazu, beim Reden mit der Stimme „oben" zu bleiben. Wenn Sie ein paar Mal mit der Zeitungsrolle geübt haben, verliert sich diese Angewohnheit sehr schnell. Denn Sie können nicht gleichzeitig mit der Rolle auf den Tisch klopfen und mit der Stimme „oben" bleiben.

Checkliste: Tonfall/Sprachweise
■ Sprechtempo reduzieren
■ Gezielt auf „Wirkung" sprechen
■ Eher leiser, auf keinen Fall lauter werden

Mit Körpersprache/Mimik überzeugen

Eine souveräne Reaktion ist ein Handeln aus einer Position der Stärke. Menschen achten und respektieren Stärke. Dazu gehört das richtige Blickverhalten: Schauen Sie Ihr Gegenüber an, fixieren Sie es jedoch nicht. Das Fixieren gilt als aggressiv: Ein Raubtier fixiert seine Beute, und wer hat es schon gern, von einem anderen Menschen zur Beute erklärt zu werden. Lassen Sie sich auch auf kein Blickduell ein: Wer hält dem Blick des anderen länger stand? Wenn die andere Person das versucht, weichen Sie aus, aber – und das ist entscheidend – nicht indem Sie den Blick auf den Boden senken, sondern indem Sie auf gleicher Höhe woanders hin schauen. Denn den Blick zu senken ist ein Unterwerfungssignal.

Praxis-Tipps:

- Schauen Sie der anderen Person nicht immer in die Augen. Gewöhnen Sie sich an, jemanden „ganzheitlich" anzuschauen und sich nicht auf einzelne Punkte zu konzentrieren.

- Achten Sie bitte auf Ihre Kopfhaltung. Wenn Sie feststellen, dass Sie ihn „schief halten", lohnt es sich, eine Übung aus der Schauspielschule zu machen: Legen Sie ein relativ schweres Buch auf den Kopf und laufen Sie aufrecht durch das Zimmer, während Sie dabei laut reden und gestikulieren. Nach einiger Übung haben Sie sich an diese Kopfhaltung gewöhnt.

- Die Hände angemessen einsetzen. Übrigens: Besänftigende Gesten wirken oft Wunder!

Setzen Sie Gesten nicht nur ein, um überzeugender zu wirken, sondern auch, um den Raum zu markieren, den Sie für sich beanspruchen. Achten Sie einmal darauf, woran Sie in einer ihnen unbekannten Männergruppe den Chef erkennen: Meist hat er mehr freien Raum um sich als die anderen, und seine Gesten sind häufig raumgreifender als die der anderen. Sich also bitte nicht „dünne-machen". Auch Sie haben das Recht auf einen „Bewegungsspielraum".

Checkliste: Körpersprache/Mimik

- Kopf „gerade", auf keinen Fall schief halten („Unterwerfungsgeste")
- Fester Blick, aber nicht fixieren
- Angemessene Gestik
- Sich nicht „dünne-machen", sondern den Raum einnehmen, den Sie benötigen, um sich körperlich wohl zu fühlen
- Selbstbewusste Haltung einnehmen und nicht das „Genick einziehen"

5

Ist Lächeln immer positiv?

Lächeln, vor allem wenn Sie dabei Ihrem Gegenüber die Zähne zeigen, ist in aufgeheizten Situationen problematisch! Es kann als Grinsen interpretiert werden und damit als ein Nicht-Ernstnehmen der anderen Person. Bei den Schimpansen gilt das Zeigen der Zähne als Drohgebärde. Deshalb wird es vielleicht auch unter Menschen nicht immer positiv bewertet. Von manchen wird das Lächeln durchaus als Waffe eingesetzt. Lächeln kann nämlich überheblich wirken und weckt dann prompt den Wunsch nach Gegenwehr, etwa mit der aggressiven Bemerkung: „Was grinsen Sie denn so blöd!"

Lächeln als Unterwerfungsgeste

Das Lächeln kann jedoch auch genau das Gegenteil bedeuten, nämlich eine Geste der Unterwerfung, um den anderen friedlich zu stimmen. Dazu gehört allerdings in der Regel der schief gehaltene Kopf. Dieses Verhalten trifft man häufig bei Menschen, die im Servicebereich tätig sind. Obwohl sich der Kunde dann als „König" fühlen könnte, kann es sein, dass dies seinen Sadismus weckt und es ihm besonders viel Spaß macht, den anderen zu schikanieren.

Achtung: Lächeln verrät manchmal auch Unsicherheit, Kichern noch mehr. Ich muss oft junge Frauen darauf aufmerksam machen, es zu unterdrücken, obwohl es auf andere Menschen durchaus charmant wirkt. Wenn junge Frauen jedoch ernst genommen werden wollen, ist es wichtig, sich das Kichern abzugewöhnen.

Lächeln als Zeichen von Unsicherheit

Interessanterweise kann Lächeln auch kompensatorisch eingesetzt werden, um Unsicherheit zu kaschieren. Man weiß vielleicht nicht genau, wie man auf den Vorwurf: „Musst du immer so schmatzen", reagieren soll, ist deshalb verunsichert, will das der anderen Person jedoch nicht zeigen und lächelt dann in einer Weise, die das Gegenüber als arrogant interpretiert – schon ist der Krach da und die „Retourkutsche" folgt: „Kannst du mich denn nicht einmal ernst nehmen?!" Es bleibt einem dann nichts anderes übrig, als sofort ernst zu gucken; denn das Beteuern, man würde die andere Person trotz freundlichen Gesichts ernst nehmen, fruchtet nicht, da die Mimik mehr wiegt als jede Beteuerung.

Wichtig: Eine ernsthafte Miene ist in Situationen, in denen es um den souveränen Umgang mit Vorwürfen, Fragen und Angriffen geht, empfehlenswerter als ein noch so freundliches Lächeln.

Übung: Körpersprache

- Stehen Sie auf und machen sich ganz schmal, so schmal wie möglich. Nehmen Sie die Arme nach vorn und legen Sie die Hände brav übereinander. Jetzt die Kopfhaltung. Legen Sie den Kopf bitte freundlich zur Seite und lächeln Sie. Wie fühlen Sie sich? Vermutlich ziemlich brav und schüchtern.

- Jetzt wechseln Sie die Haltung und stellen sich ganz breitbeinig hin, stemmen die Hände in die Hüften und recken das Kinn selbstbewusst in die Höhe, vielleicht empfinden Sie sich auch als ziemlich dominant.

Was für eine Schlussfolgerung ziehen Sie daraus? Die Körperhaltung bestimmt das Lebensgefühl!

Auf Vorwürfe angemessen reagieren

Diese Erkenntnis können Sie für sich nutzen, indem Sie ganz bewusst eine Haltung einnehmen, die zu dem passt, was Sie inhaltlich sagen, um dadurch überzeugender zu wirken.

Praxis-Tipps:

- Es ist in vielen Fällen wirkungsvoller, beim Reden zu stehen als zu sitzen, besonders wenn Sie andere Menschen von Ihrer Meinung überzeugen wollen. Damit demonstrieren Sie: „Ich stehe zu meiner Meinung."

- Bei Telefonaten, in denen Sie etwas Bestimmtes erreichen oder einen dynamischen Eindruck hinterlassen wollen, stehen Sie zukünftig auf, Sie hören sich dadurch energischer an.

5

Die Transaktionsanalyse als psychologische Hilfe

Das Modell der Transaktionsanalyse (TA) hilft insbesondere im Zusammenhang mit Vorwürfen, das zu erklären, was sich dabei zwischen Menschen abspielt. Außerdem lässt sich von der TA ausgehend ein Erfolg versprechendes Verhalten gegenüber Vorwürfen und persönlichen Angriffen ableiten. Bei der TA geht man – basierend auf dem Freudschen Persönlichkeitsmodell – davon aus, dass Menschen prinzipiell aus drei Bereichen heraus agieren können: dem Erwachsenen-Ich , dem Eltern-Ich und dem Kind-Ich.*)

Zusammenfassend lassen sich die drei Bereiche wie folgt charakterisieren.

Eltern-Ich (El-Ich)

Hierunter werden alle von Autoritätspersonen, insbesondere Eltern, gemachten Äußerungen und Handlungen verstanden, die zeigen, dass jemand unhinterfragt gewisse Floskeln und als Wahrheiten

---

*) Anmerkung: Die TA wird in dem Buch „Selbstsicher reden – selbstbewusst handeln" von Gudrun Fey (ebenfalls erschienen im Walhalla Fachverlag, Regensburg, ISBN 978-3-8029-3978-5) ausführlicher behandelt.

gespeicherte Normen, Verhaltensweisen und Vorurteile übernimmt. Sie sind nicht nur negativ zu werten, sondern dienen zur Strukturierung der Welt in unserem Bewusstsein.

Erwachsenen-Ich (Erw-Ich)

Das Erwachsenen-Ich erwacht ab dem zehnten Lebensmonat. Es ist die geistige Reflexionsebene. Das Erw-Ich ist ein Datenverarbeitungssystem, das Entscheidungen ausspuckt, nachdem es Informationen aus drei Speichern durchgerechnet hat: „Aus dem Eltern-Ich, aus dem Kind-Ich und aus Informationen, die das Erwachsenen-Ich gesammelt hat und noch sammelt." (Thomas Harris)

Kind-Ich (K-Ich)

5

Als Kind speichert man Frustrationsgefühle wie Hilflosigkeit, Ohnmacht, Trotz, Wut, weil man als Kind Tag für Tag die eigene Unfähigkeit empfindet. Diese Erlebnisse können zu Minderwertigkeitsgefühlen und zu der Lebensanschauung „Ich bin nicht okay" führen. Das Kind-Ich speichert jedoch auch positive Empfindungen wie Spontaneität, Kreativität, Lust, Freude, Spielfreude oder Neugier.

Wichtig: Persönliche Angriffe und Vorwürfe kommen in der Regel aus dem El-Ich. Wenn Sie das wissen, ist es schon viel einfacher, mit Ihrem Erw-Ich darauf zu reagieren und nicht – wie die andere Person erwartet – mit dem braven K-Ich. Wie sieht diese Erw-Ich-Reaktion aus? Sie zeigen Verständnis, ohne in der Sache nachzugeben, egal wie sehr die andere Person sich daneben benimmt, in der Hoffnung, dass diese auch aus dem El-Ich in das Erw-Ich zurückkehrt.

Die wichtigsten Gesprächslenkungstechniken

Verständnis können Sie einem anderen Menschen nur entgegenbringen, wenn Sie ihm zuhören. Aktives Zuhören ist demnach eine wichtige Voraussetzung, um einander zu verstehen. Und erst das Zuhören versetzt Sie in die Lage, Gesprächsabläufe zu beeinflussen und zu lenken.

Auf Vorwürfe angemessen reagieren

Die Wiederholungstechnik

Um sich in der Kunst des Zuhörens zu üben, gibt es eine hilfreiche Methode: die Wiederholungstechnik. Das heißt, Sie stellen sich beim Zuhören darauf ein, dass Sie das vom Gegenüber Gesagte wiederholen müssen. Schon allein dadurch werden Sie feststellen, dass es wirklich einen Unterschied gibt zwischen „hören", (englisch „to hear") und „zuhören" (englisch „to listen"). Wenn Sie dann auch wirklich das eine oder andere zusammenfassend oder auch nur bruchstückartig wiederholen, was Sie gehört haben, werden Sie bemerken, dass es wirklich eine tolle Technik ist, um sich auf eine andere Person einzustellen (siehe auch die Übung „Der kontrollierte Dialog" auf den nächsten Seiten).

Was bewirken Sie mit dieser Technik?

Sie werden nicht nur intensiver zuhören, sondern auch einen anderen Menschen in seinem Fühlen, Denken und Handeln besser verstehen. Missverständnisse werden mit dieser Technik sofort entdeckt. Und da die andere Person sich von Ihnen verstanden fühlt, wird das Gespräch ent-emotionalisiert, und bei strittigen Auseinandersetzungen fällt eine Einigung leichter. Der Ablauf wird dadurch verzögert. Deshalb dient diese Technik auch dazu, Zeit zu gewinnen, wenn Sie durch eine aggressive Frage oder einen persönlichen Angriff im Moment nicht in der Lage sind, angemessen zu kontern. Außerdem können Sie durch das Wiederholen dessen, was die andere Person gesagt hat, diese auf gewisse Punkte festlegen. Schließlich schaffen Sie eine angenehme Gesprächsatmosphäre.

Wo können Sie diese Technik üben?

Vielleicht fahren Sie öfter mit der Bahn oder essen unterwegs in einer Wirtschaft, oder Sie haben Ihre „Stammkneipe". Überall dort begegnen Ihnen Menschen, mit denen Sie sich unterhalten können. Ich fuhr einmal quer durch die Schweiz mit dem Zug nach Mailand. Zeit genug, um mein Gegenüber, einen älteren Herrn, in ein Gespräch zu verwickeln, bei dem ich mir vorgenommen hatte, möglichst wenig von mir, dafür aber umso mehr – mit Hilfe der Wiederholungstechnik – von ihm zu erfahren. Es klappte wunderbar, ich erfuhr seine ganze, sehr interessante Lebensgeschichte und einiges über Mailand und seine Sehenswürdigkeiten. Doch nach etwa zwei Stunden unterbrach er sich auf einmal beim Reden, blickte mich erstaunt an und bemerkte dann: „Hm, warum erzähle ich Ihnen denn das alles, ich rede doch sonst nicht so viel?" Ich lächelte, zuckte mit den Schultern und schwieg. Daraufhin fuhr er mit seinen Erzählungen fort, und ich behielt diese Fahrt in wunderbarer Erinnerung.

Praxis-Tipp:

Als Führungskraft können Sie diese Technik bei Besprechungen sehr gut üben und anwenden. Schließlich erwarten die Teilnehmenden von Ihnen eine möglichst neutrale Leitung. Diese wird durch das weitgehende Beschränken auf das Wiederholen, Verstärken und Zusammenfassen von Beiträgen erreicht. Trotzdem lenken Sie – aber indirekt. Das hat den Vorteil, dass Sie nicht wie bei Meinungsäußerungen Ihrerseits angegriffen werden können und sich nicht mehr auf die Leitung konzentrieren können.

5

Die Schlichtungstechnik

Die Wiederholungstechnik ist auch hervorragend als Schlichtungstechnik geeignet. In solchen Situationen lassen Sie es nicht zu, dass jeweils direkt erwidert wird, sondern Sie puffern, indem Sie das, was die andere Person aggressiv vorbringt, in gemäßigter, abgeschwächter und verkürzter Form wiederholen. So können Sie sehr gut gemeinsame Interessen herausarbeiten und eine für beide Seiten befriedigende Lösung finden.

Natürlich können Sie diese Technik auch einsetzen, um andere dazu zu bringen, mehr zu reden; denn die andere Person fühlt sich von Ihnen ernst genommen. Und wer redet nicht gern, wenn man spürt, dass einen der andere ernst nimmt. Generell bringt diese Technik Ruhe in eine Besprechung.

Praxis-Tipp:

Mit der Wiederholungstechnik können Sie auch Emotionen verstärken, indem Sie jeweils die emotionalen Anteile des Gesagten mit gefühlsbetonten Worten wiederholen.

Übung: Der kontrollierte Dialog

Um diese Wiederholungstechnik zu üben, müssen Sie noch nicht einmal ein entsprechendes Seminar besuchen. Sie brauchen dazu lediglich einen anderen Menschen zum Mitmachen und nach Möglichkeit noch eine dritte Person, die darauf achtet, dass die Spielregeln eingehalten werden.

Zwei diskutieren über ein kontroverses Thema ihrer Wahl. Eine Person spricht dafür, die andere Person dagegen. Die dritte Person beobachtet und greift nur ein, wenn die Spielregeln nicht eingehalten werden. Sie geben nach Beendigung einer Gesprächsrunde den beiden „Spielern" ein Feedback. Außerdem achtet die/der Beobachter/in auf die Einhaltung der Spielzeit. Damit jeder zweimal diese Technik üben kann, ist es sinnvoll, drei Gesprächsrunden von jeweils fünf bis sechs Minuten durchzuführen.

Wichtig: Es gibt nur zwei Spielregeln, die jedoch strikt einzuhalten sind. Es darf erst geantwortet werden,

- wenn die Meinung des/der Diskussionspartner/in sinngemäß wiederholt wurde und

- diese Wiederholung von der Partnerin beziehungsweise dem Partner bestätigt wurde.

In der Weise fahren die beiden fort, bis die Spielzeit vorbei ist oder auch früher, falls einer Seite die Argumente ausgehen oder eine Einigung erzielt wird. Nach Ablauf einer Gesprächsrunde soll man dann darüber sprechen:

- Wie war die Gesprächsatmosphäre?

- Welche Auswirkungen hatte die Wiederholungstechnik auf den Gesprächsverlauf?

- Wann ist es leicht zu wiederholen – wann nicht?
- Welcher Nutzen lässt sich für andere Gespräche daraus ziehen?
- Wo, wann und wie kann diese Wiederholungstechnik in abgeschwächter Form eingesetzt werden?

Die Fragetechnik

Wenn es darum geht, in Stresssituationen Zeit zu gewinnen, ist das Fragenstellen eine wichtige Technik. Es ist jedoch auch wichtig, die unterschiedlichen Fragearten zu kennen, wenn Sie angegriffen werden, um mit einer Gegenfrage zu kontern.

Geschlossene Fragen

Man unterscheidet die Fragen entsprechend ihrem Antwortspielraum. Wenn dieser nur ein „Ja" oder „Nein" zulässt, spricht man von „geschlossenen Fragen". Der Frager erwartet natürlich, dass Sie in der gewünschten Weise antworten. Das ist jedoch nicht immer in Ihrem Sinne. Deshalb scheuen Sie sich nicht, auch auf geschlossene Fragen ausführlich zu antworten, wenn es in Ihrem Interesse liegt.

Suggestivfragen

Fragen, bei denen Ihnen quasi schon die Antwort in den Mund gelegt wird, sind Suggestivfragen, etwa: „Als netter Nachbar haben Sie doch sicher nichts dagegen, wenn ich mir Ihr Fahrrad ausleihe?" – Wer könnte da noch „Nein" sagen.

Eine Frage, die bei Geldanlageberatern beliebt ist, weil sie darauf immer die „richtige" Antwort bekommen, um Sie für eine Geldanlage zu motivieren, ist: „Zahlen Sie auch zu viel Steuern?" Oder: „Zahlen Sie gern Steuern?"

Um jemanden in die Enge zu treiben oder festzunageln, sind Fragen beliebt, die scheinbar nur eine dieser beiden Möglichkeiten zulassen: „Werden Sie sich für die sofortige Abschaltung der Kernkraftwerke einsetzen?" Wenn es in Ihrem Interesse ist, können Sie natürlich mit „Ja" oder „Nein" antworten. Dennoch ist eine Erläuterung sicher sinnvoll.

Auf Vorwürfe angemessen reagieren

Wichtig: Achten Sie darauf, ob in solchen „Ja"/„Nein"-Fragen eine Unterstellung vorhanden ist, die Sie auf jeden Fall abwehren sollten.

Alternativfragen

„Oder"-, Alternativ- oder Gabel-Fragen gehören ebenfalls zu den geschlossenen Fragen, obwohl Sie nicht mit „Ja" oder „Nein" antworten können, sondern einen vollständigen Satz bilden müssen; denn sie engen den Antwortspielraum auf eine der genannten Möglichkeiten ein.

Beispiel:

Wenn Sie als „Dessert-Fan" nach einem guten Essen von der Bedienung freundlich gefragt werden, ob Sie zum Nachtisch noch Vanilleeis mit heiße Kirschen oder einen frischen Obstsalat haben möchten, ist die Wahrscheinlichkeit sehr groß, dass Sie sich für eine der beiden Möglichkeiten entscheiden und nicht nach einem anderen Dessert fragen – und selbst wenn, dann zeigt das nur die Wirkung dieser Frage; denn ohne sie wären Sie vielleicht nicht auf die Idee gekommen, überhaupt einen Nachtisch zu bestellen.

Beliebt ist diese Technik, um Sie auf eine der beiden Möglichkeiten festzulegen: „Können Sie die Statistik bis Donnerstag 10 Uhr oder am Freitagnachmittag abgeben?" Wenn Ihnen diese Technik zukünftig auffällt, ist es leichter, nicht darauf reinzufallen, sondern selbstbewusst zu sagen: „Ich würde die Statistik gern zu einem der gewünschten Termine abliefern, ich werde jedoch erst am Montagnachmittag alle Zahlen parat haben."

Informationsfragen

Darüber hinaus gibt es die große Gruppe von Informationsfragen, die bei Prüfungen und Vorträgen besonders gefürchtet werden, denn hier gibt es meist nur eine richtige Antwort. Diese Fragen fangen mit Fragewörtern an, etwa: „Wer", „Wann", „Wie groß", „Wie viel".

Beispiel:

Während einer Stadtführung durch Ulm wurde der nette Fremdenführer gefragt: „Wie hoch ist das Ulmer Münster?" Der junge Fremdenführer lief puterrot an und stammelte eine Erklärung dergestalt, dass er eigentlich Mathematik studiere und diesen Job erst seit drei Tagen mache. – Es hätte selbstbewusster gewirkt, wenn er es einfach zugegeben hätte, vielleicht mit einem kleinen Scherz: „Oh je, jetzt hatte ich gehofft, Sie merken nicht, dass ich diesen Job erst kurze Zeit mache; denn selbstverständlich sollte ich die Antwort wissen. Ich schaue geschwind mal in meinem Stadtführer nach ..." Natürlich grinsen dann alle; er wird jedoch merken, dass er mit einer solch offenherzigen Antwort die Herzen seines Hörerkreises gewinnen konnte.

5

Offene Fragen

Die Gruppe von Fragen, die Ihnen den größten Antwortspielraum bieten, sind die „offenen" Fragen. Es sind Fragen nach Meinungen, Einstellungen, Begründungen: „warum", „was war der Grund ..."; „weshalb", „was halten Sie von ...". Sie können sie nach Belieben kurz oder lang beantworten. Die Beantwortung solcher Fragen ist prinzipiell einfach, denn Sie haben ein Recht auf Ihre eigene Meinung, und das sollten Sie sich von niemandem streitig machen lassen. Das Problem ist jedoch, dass anderen Menschen Ihre Meinung manchmal nicht ins Konzept passen wird. Deshalb ist hier hin und wieder ein vorsichtiges Vortasten von Vorteil, um die Meinung der anderen Person herauszufinden, bevor man die seine lauthals zum Besten gibt.

Praxis-Tipp:

Offene Fragen sind geeignet, um ein Gespräch zu eröffnen, geschlossene Fragen dagegen, um es abzuschließen.

Auf Vorwürfe angemessen reagieren

Das biologisch-psychologische Dilemma

Sie haben nun die zwei wichtigsten Gesprächslenkungstechniken kennengelernt, nämlich die Wiederholungstechnik und die unterschiedlichen Fragearten. Nachdem Sie nun wissen, dass Vorwürfe und Angriffe grundsätzlich aus dem Eltern-Ich der anderen Person kommen und Sie sich davor hüten müssen, aus dem Eltern-Ich oder dem Kind-Ich zurückzuschlagen, haben Sie für die Zukunft schon eine gewisse Vorstellung davon, wie Sie reagieren sollten.

Man hat es mit zwei unterschiedlichen Programmen zu tun, die bei aggressiven Fragen, Vorwürfen und persönlichen Angriffen ablaufen:

■ dem biologischen Alarmprogramm, das auf die Situation und Bedürfnisse des Urmenschen zugeschnitten ist

■ dem psychologischen Programm, das erst eine Rolle spielt, seitdem Menschen mit System, das heißt im Elternhaus, in der Schule und während der Ausbildung erzogen werden

Wichtig: Diesem biologisch-psychologischen Dilemma kann man sich nicht entziehen. Doch kann man lernen, souverän damit umzugehen.

Checkliste: Souverän reagieren

■ Eine souveräne Reaktion kommt aus dem Erwachsenen-Ich.

■ Es ist eine selbstbewusste Verhaltensweise: Niemand hat das Recht, Sie persönlich zu verunglimpfen oder Ihre Würde zu verletzen. Sie und ich, wir alle haben ein Recht darauf, anständig behandelt zu werden.

■ Souverän reagieren heißt: Sie schaffen es mit Ihrer Entgegnung, die Gesprächsatmosphäre zu normalisieren und wieder zurück auf die Sachebene zu führen.

■ Souverän reagieren heißt: Sie ergreifen erst dann die Initiative, wenn Sie sich wieder unter Kontrolle haben.

- Souverän reagieren heißt: Sie spielen „Spielchen", die andere mit Ihnen spielen wollen, einfach nicht mit. Sie lassen sich zukünftig nicht mehr provozieren, egal, was Ihnen an den Kopf geworfen wird. Verhalten Sie sich stattdessen nach der Devise: „Wenn hier jemand die Tür eintreten will, dann gehe ich vor, öffne sie und sage: ‚Bitte, nach Ihnen.'"

- Sie lassen einen Angriff ins Leere laufen und erfreuen sich an dem überraschten Gesicht der angreifenden Person.

- Souverän reagieren heißt: Sie zeigen in vielen Fällen Verständnis für die Position der anderen Person und sprechen das auch aus. Verständnis bedeutet jedoch nicht, dass Sie das Verhalten der anderen Person akzeptieren oder gar billigen. Es zeigt nur, dass Sie nicht rechthaberisch auf Ihrem Standpunkt beharren.

5

In den nachfolgenden Kapiteln, die sich mit unterschiedlichen Vorwürfen und Angriffen beschäftigen, werden Sie konkret erfahren, was jeweils eine souveräne beziehungsweise nicht souveräne Reaktion ist.

Moralische Erpressungen souverän kontern

Vorwürfe müssen nicht immer lautstark vorgebracht werden. Andere Ausdrucksweisen sind genauso wirkungsvoll. Ein auffälliger Manipulationsversuch, ein bestimmtes Verhalten durch moralischen Druck zu erzwingen, und auf den Sie zukünftig nicht mehr reinfallen sollten, ist, wenn Vater oder Mutter seufzen: „Kind, damit bringst du mich noch unter die Erde." Eine souveräne Reaktion wäre: „Papa/Mama, ich bedaure, dass Ihr meine Entscheidung missbilligt, ich bitte euch dennoch, sie zu akzeptieren."

Beispiel: ─────────────────────────

Meine Tochter arbeitete in den Semesterferien als Bedienung in einem Restaurant. Dort galt die Regel: Bekommt ein Gast ein Essen, das er nicht bestellt hatte, und lehnte es deswegen ab, hatte die Bedienung dieses Essen zum vollen Preis zu zahlen. Das wollte natürlich keine Bedienung, deshalb wurden meiner Tochter einige Tipps gegeben, was sie in einem solchen Fall machen sollte, damit sie das falsch gebrachte Essen nicht bezahlen musste. So wurde ihr empfohlen, den Gast mit der Wahrheit moralisch zu erpressen: „Wenn ich das Essen zurücknehmen muss, dann muss ich es bezahlen."

5 Oder was halten Sie von dem Vorwurf: „Immer denkst du nur an dich!" Kommt er Ihnen bekannt vor? Die häufigsten Entgegnungen sind:

- „Wieso, du bist doch genauso!"

- „Das stimmt nicht!"

Die souveräne Reaktion ist, es weder zu leugnen noch zu bestätigen, sondern es einfach offen zu lassen: „Mag sein, dass es auf dich so wirkt. Ich meine jedoch, dass du Vorteile davon hast, wenn ich …"

Mit „Killerphrasen" erfolgreich umgehen

Killerphrasen sind Phrasen, die einen anderen mundtot machen sollen. Deshalb lösen sie meist bei der angegriffenen Person eine entsprechend heftige Reaktion aus. Doch je pauschaler der Vorwurf ist, desto einfacher ist es prinzipiell, darauf souverän zu reagieren. Denn gerade durch die Pauschalierung setzt sich der andere selbst ins Unrecht.

Doch leider passiert meist das Gegenteil: Bei dem sehr beliebten pauschalen „Totschlagargument": „Das kostet doch viel zu viel!", reagiert man meist ziemlich „steinzeitmäßig", nämlich mit Gegenwehr oder Flucht. Gegenwehr bedeutet, dass Sie auf dem gleichen, meist niedrigen Niveau zurückschlagen: „Jetzt seien Sie mal ganz ruhig. Ihre letzte Mailingaktion hat doch nur Verluste gebracht." Dies ist sicher keine souveräne Reaktion. Wenn Sie stattdessen die Flucht ergreifen, das heißt den Frust in sich hineinfressen, ärgern Sie sich auch noch über sich selbst.

Die Lösung heißt, Sie stellen sich dem Vorwurf, bestimmen aber den Zeitpunkt der Gegenwehr selbst! Und das heißt: Zeit gewinnen, etwa durch eine einfache, kurze Gegenfrage: „Wie meinen Sie das?" – Und dann schweigen Sie!

Eine weitere fantastische Reaktion auf Killerphrasen, um die andere Person zu irritieren und gleichzeitig darauf aufmerksam zu machen, dass sie über's Ziel hinausgeschossen ist, ist ein schlichtes „Wie bitte?" oder auch ein erstauntes „Ach ja?".

Übung: Umgang mit Killerphrasen

Damit Sie ein Gespür dafür bekommen, bitten Sie einen anderen Menschen, Sie mit entsprechenden Killerphrasen zu bombardieren, und Sie antworten nach Möglichkeit immer nur stereotyp, beispielsweise mit „Wie meinen Sie das?" oder „Wie bitte?" oder „Was hat das mit dem Thema zu tun?" oder „Bitte fair bleiben".

- Das ist Ihr Problem!

- Das geht so nicht, wie Sie sich das denken!

- Jetzt regen Sie sich doch nicht so auf!

- Sie wissen ja noch nicht einmal, was ein Betriebssystem ist!

- Das sehen Sie völlig falsch!

- Das kostet doch viel zu viel!

- Wer soll das denn bezahlen?

- Wo lassen Sie denken?

- Was haben Sie sich denn dabei gedacht?

- Sind Sie wahnsinnig geworden?

- Wollen Sie die Firma vollends ruinieren?

- Sie haben doch überhaupt keine Ahnung!

- Haben Sie sich überhaupt schon einmal mit dem Thema beschäftigt?

- Wissen Sie überhaupt, wovon die Rede ist?

- Das können Sie Ihrem Friseur erzählen!

Auf Vorwürfe angemessen reagieren

- Wer hat Ihnen denn diesen Schwachsinn erzählt?
- Sie glauben aber auch alles!
- Sie haben überhaupt kein Wort verstanden!
- Haben Sie überhaupt zugehört?
- Sie haben ja Stacheldraht im Kopf!
- Sie sollten einmal einen IQ-Test machen!

Praxis-Tipps:

- Sie müssen bei Killerphrasen nur auf die Pauschalierung und nicht auf den Inhalt achten. Außerdem immer zuerst um Konkretisierung bitten, bevor Sie auf den Vorwurf eingehen.
- Verwenden Sie „Ich-Botschaften" und bleiben Sie von der Form her höflich, beispielsweise: „Ich habe mich vorhin über Ihre pauschale Verurteilung, mein Vorschlag würde zu viel kosten, geärgert. Ich bitte Sie deshalb, Ihren Vorwurf detaillierter darzulegen."

Wenn Sie in die Angreiferrolle gedrängt werden

Manche Menschen sind auch sehr geschickt darin, einen in die Angreiferrolle zu drängen. Es ist jedoch die Frage, ob Sie sich darauf einlassen, wenn jemand zu Ihnen sagt: „Immer hast du etwas gegen mich!" Die spontane Reaktion ist meistens: „Wieso? Ich habe doch gar nichts gegen dich."

Diese Antwort führt nicht zur Problemlösung; denn der Eindruck der anderen Person ist aus ihrer Perspektive immer richtig. Folglich müssen Sie als Erstes herausfinden, wie dieser Eindruck bei der anderen Person entstehen konnte. Souveräne Reaktion: „Helga, dieser Vorwurf macht mich betroffen. Wie konnte dieser Eindruck entstehen?" Wenn Sie darauf eine konkrete Antwort erhalten, etwa: „Na ja, als ich den Vorschlag ... machte, hast du ihn sofort abgelehnt." Hierauf können Sie erwidern: „Stimmt, das heißt aber nicht, dass ich dich als Person ablehne. Im Gegenteil, ich mag deine spontane Art."

Beispiele:

- Ihre Chefin zischt: „Sie haben ja keine Ahnung." Obwohl der Grund der ist, dass Ihnen Informationen vorenthalten wurden, sollten Sie diplomatisch reagieren: „Stimmt, hier fehlen mir Informationen, und deshalb schlage ich vor, dass wir zuerst einmal klären, wer von wem wann jeweils welche Informationen bekommen muss."

- Der ältere Kollege schnauzt Sie an: „Wer hat denn hier die Erfahrung? Machen Sie es so, wie ich es Ihnen sage." Ihre Antwort: „Stimmt, Sie arbeiten hier schon zwanzig Jahre. Ich dagegen habe gerade erst mein Studium abgeschlossen. Dennoch meine ich, wir könnten das neue Verfahren, das ich während des Studiums kennengelernt habe, auch bei uns ausprobieren. Ich weiß jedenfalls, dass es bei der Konkurrenz erfolgreich praktiziert wird."

5

Vorsicht beim Wechsel der Ebenen

Im Rahmen einer Besprechung äußern Sie einen technischen Verbesserungsvorschlag. Sofort kommt der übliche Angriff: „Das funktioniert doch nie so, wie Sie sich das vorstellen."

Natürlich könnten Sie auf der Sachebene bleiben, den Einwand ernst nehmen, sich verteidigen und erklären, warum es doch klappen würde. Sie könnten natürlich auch auf der persönlichen Ebene zurückschlagen: „Warum sind Sie denn gleich so pessimistisch?", in der Hoffnung, dass der andere jetzt anfängt sich zu rechtfertigen mit: „Herr Kollege, ich bin nicht pessimistisch, nur realistisch."

Achtung: Wenn Sie jetzt weitermachen, kann das Ganze noch auf eine philosophische Ebene angehoben werden, auf der Sie sich dann darüber streiten, was „pessimistisch" beziehungsweise „realistisch" ist. Doch dies alles führt von Ihrem Vorschlag weg. Wenn Sie das nicht wollen, müssen Sie diesen Wechsel der Ebenen vermeiden. Wollen Sie auf der „Sachebene" bleiben, empfiehlt es sich, den angreifenden Kollegen zu bitten, seinen pauschalen Einwand näher zu erläutern.

Bei „Finger-Pointing" geschickt reagieren

„Hast du schon wieder den Schlüssel vom Gartentor verschlampt?" Hier wird ein Schuldiger gesucht anstatt einer Problemlösung. Entsprechend sollten Sie auch reagieren: „Nein, aber ich helfe dir suchen."

„Sie sind schuld, dass der Termin nicht eingehalten wurde!" Vorsicht, dass Sie nicht mit der Retourkutsche kommen, denn dann landen Sie bei gegenseitigen Schuldzuweisungen, die erfahrungsgemäß nur die Stimmung verschlechtern, jedoch keine zukunftsweisende Lösung bieten: „Das stimmt nicht, wenn Sie mich frühzeitig über den Maschinenausfall informiert hätten, wäre das nicht passiert." Sie könnten hier zur Entschärfung eher mit einer Ich-Botschaft reagieren: „Stimmt, er wurde nicht eingehalten. Ich bedaure das auch, deshalb sollten wir uns so schnell wie möglich um die Fertigstellung der Teile bemühen. Und für die Zukunft schlage ich vor, dass wir uns gegenseitig frühzeitig informieren, wenn Störungen im Ablauf der Produktion auftreten."

Rechthaberei gelassen begegnen

Jemand faucht Sie aggressiv an: „Das sehen Sie völlig falsch." Diesen Vorwurf müssen Sie sich nicht gefallen lassen. Da Sie aber auch nicht die Wahrheit „gepachtet" haben, ist es besser, ihn offen zu lassen: „Mag sein, dass es auf Sie so wirkt. Ich betrachte die Situation nämlich aus der Sicht eines Ingenieurs." Wenn Sie in Ihrer Umgebung einen rechthaberischen Menschen haben, nehmen Sie sich bitte fest vor, ihm das nächste Mal nicht zu widersprechen, denn das macht ihn umso aggressiver und sturer, sondern entdecken Sie das Zauberwort „Mag sein" als Möglichkeit, ohne Gesichtsverlust eine – wie es im Schachspiel heißt – „Patt-Situation" zu erzeugen.

Wenn ein wütender Wortschwall sich über Sie ergießt

Manchmal kann es passieren, dass sich jemand beschweren möchte, und Sie laufen diesem Menschen als Erster über den Weg oder nehmen den Telefonhörer ab. Unabhängig davon, wie Sie reagieren, dieser Mensch wird immer einen Grund finden, seine Aggressionen an Ihnen auszutoben. Als Erstes, unabhängig davon, ob er vor Ihnen steht oder anruft: Versuchen Sie, bei aggressiven Menschen den Namen herauszufinden. Damit holen Sie ihn aus seiner vermeintlichen Anonymität heraus, und er wird sich Ihnen gegenüber „zivilisierter" benehmen.

Sprechen Sie ihn auch mit dem Namen an, damit er sich bewusst wird, dass Sie seinen Namen kennen. Unterbrechen Sie ihn ruhig öfter mit Namensnennung und einem schlichten „Bitte": „Bitte Herr M. ..." Irgendwann geht er darauf ein, und dann fassen Sie das Gehörte mit ruhiger Stimme zusammen, damit er merkt, dass Sie ihm zugehört haben.

Praxis-Tipp:

Es ist sehr empfehlenswert, sich bei solchen Gesprächen, etwa Beschwerden, Notizen zu machen. Fragen Sie jedoch vorher um Erlaubnis: „Damit ich Sie nicht unterbrechen muss, würde ich mir gern ein paar Stichworte notieren." Obwohl es der andere nicht sieht, können Sie das auch am Telefon sagen. Sie werden bei dieser Technik feststellen, dass sich der andere dann eher diszipliniert, nicht zuletzt, weil er sich ernst genommen fühlt.

Wenn jemand am Telefon wirklich unverschämt wird und Sie unflätig beschimpft, sollten Sie einen Rückruf anbieten oder ihn bitten, zu einem späteren Zeitpunkt wieder anzurufen:

- „Herr M., bitte nicht in diesem Ton. Ich helfe Ihnen gern. Deshalb schlage ich Ihnen vor, dass ich Sie bis 15 Uhr zurückrufe, wenn ich den Vorgang hier im Haus geklärt habe."

- „Herr M., bitte rufen Sie später wieder an. Ich versuche bis in einer halben Stunde den Vorgang im Haus zu klären."

Sich gegen ungerechtfertigte Vorwürfe gezielt wehren

Ich kenne einen Chef, der öfter schlecht gelaunt ist und sich dann ein Opfer sucht, um seine schlechte Laune weiterzugeben. Seine Sekretärin bot sich als Opfer an, da er bemerkt hatte, dass sie wegen ihres schwäbischen Dialekts Minderwertigkeitskomplexe hatte: „Können Sie nicht Hochdeutsch reden?" Dies traf sie so stark, dass sie ernsthaft hochdeutsch lernte. Trotzdem schikanierte er sie hin und wieder mit dieser Bemerkung.

Erst im Seminar konnten wir sie mit Hilfe einer Videoaufzeichnung davon überzeugen, dass sie wirklich hochdeutsch sprach und ihr Chef keinerlei Recht mehr dazu hatte, sie deswegen anzuschnauzen. Da es möglich sein konnte, dass ihr Chef noch gar nicht bemerkt hatte, dass sie inzwischen perfekt hochdeutsch sprach, empfahlen wir ihr, ihn in einer ruhigen Minute zu bitten, ihr beim Telefonieren zuzuhören, um zu überprüfen, wie gut sie inzwischen hochdeutsch sprach.

Persönliche Angriffe humorvoll kontern

Gerade Menschen mit heller Haut und blonden Haaren erröten und das geniert sie meist fürchterlich. Da es sich jedoch um eine körperliche Reaktion auf eine als Bedrohung empfundene Bemerkung handelt, gibt es keine Technik, das Erröten zu unterbinden. Was jedoch ein wenig hilft, ist die eigene Einstellung zum Erröten zu ändern. Wenn Sie sich nicht auch noch selbst über das Rotwerden ärgern, fällt der Effekt meist geringer aus.

Als besonders gemein wird es oft empfunden, einen Menschen darauf anzusprechen: „Da müssen Sie doch nicht gleich rot werden." Das verstärkt das Erröten. Denn manchmal trösten sich die Betroffenen, dass es von den anderen nicht bemerkt wird. Deshalb ärgert es sie, wenn sie es offensichtlich doch nicht verbergen konnten.

Es gibt hier zwei schlagfertige Antworten: „Ja, ich weiß, dass ich leicht rot werde! Meine Vorfahren waren bei der Feuerwehr!" oder „Sollte ich Ihretwegen grün werden?"

Durch Entschuldigungen besänftigen

Wenn uns jemand einen berechtigten Vorwurf macht, ist die spontane Reaktion meist eine Entschuldigung. Doch selbst wenn wir uns etwas zuschulden haben kommen lassen, ist Entschuldigen keine souveräne Reaktion. Sie mag angemessen sein, doch souverän ist, den Vorwurf als solchen zu akzeptieren, um dann der anderen Person sehr schnell einen Lösungsvorschlag zu machen. Auch wenn eine Entschuldigung besänftigend wirkt, das angesprochene Problem ist damit noch nicht gelöst.

Beispiel:

> In der Autowerkstatt wird einem Kunden versprochen, dass sein Wagen bis um 15 Uhr fertig ist. Als er zur vereinbarten Zeit eintrifft, erfährt er, dass sein Auto erst morgen fertig wird. Dem Kunden ist damit nicht geholfen, wenn sich der Mechaniker mehrfach dafür entschuldigt. Zufrieden gestellt ist er erst, wenn das dadurch entstandene Problem gelöst wird, etwa indem ihm bis zur Fertigstellung der Reparatur ein gleichwertiges oder sogar höherwertiges Ersatzfahrzeug gestellt wird.

5

Wichtig: Wenn Sie im Dienstleistungssektor arbeiten und häufig mit Vorwürfen und Angriffen konfrontiert werden, neigen Sie meist dazu, sich sehr oft zu entschuldigen mit „Tut mir leid." Ob das jedoch besänftigend wirkt, hängt davon ab, ob es glaubwürdig wirkt, das heißt, Sie müssen gleichzeitig einen bedauernden Gesichtsausdruck zeigen und einen mitfühlenden Ton anschlagen, sonst wirkt das „Tut mir leid" wie eine Floskel, die man eben in solchen Situationen sagt, und Ihre Entschuldigung verfehlt ihre Wirkung. Wenn Sie daher meinen, Sie müssten sich wirklich entschuldigen, ist ein „Ich bedaure sehr, dass das passiert ist" oft viel glaubwürdiger, weil es noch nicht zur Floskel verkommen ist. Achten Sie deshalb selbst einmal darauf, wie oft Sie „Tut mir leid" sagen, und fragen Sie sich, ob Sie es nicht durch andere Formulierungen ersetzen sollten.

Auf Vorwürfe angemessen reagieren

Was tun bei Unpünktlichkeit?

Auch der Vorwurf „Können Sie nicht einmal pünktlich sein?" sollte Sie nicht aus der Ruhe bringen. Sagen Sie freundlich: „Stimmt, ich habe mich um 15 Minuten verspätet." Dann entschuldigen Sie sich: „Ich bedaure, dass Sie auf mich warten mussten." Das Entschuldigen ist in diesem Fall sinnvoll, denn jemanden warten zu lassen, wird von der wartenden Person gern als Ausdruck der Missachtung interpretiert.

Auch gut: Verständnisvoll reagieren

Verständnis zeigen für den Standpunkt des anderen ist ebenfalls eine gute Taktik, um einen anderen Menschen zu beruhigen, statt sich von seiner Wut anstecken zu lassen. Ein Kollege faucht Sie an: „Wann bekomme ich denn endlich die Unterlagen?" – „Ich verstehe Sie, dass Sie sich geärgert haben; ich werde sie heute noch zusammenstellen und Ihnen persönlich heute bis 15 Uhr vorbeibringen."

„Den Wind aus den Segeln nehmen"

Vorwürfen durch Zustimmung statt Entschuldigungen zu begegnen ist eine ausgezeichnete Möglichkeit, bei der anderen Person den Eindruck der Souveränität zu hinterlassen.

Beispiel:

- „Sie sollten doch das Protokoll bis 14 Uhr abliefern. Jetzt ist es schon 16 Uhr, und ich habe es immer noch nicht bekommen."

- „Stimmt, es ist noch nicht fertig. Ich verstehe, dass Sie ärgerlich sind. Ich kümmere mich gleich darum, dann können Sie es in einer halben Stunde haben, und wenn Sie einverstanden sind, kann ich es heute auch noch verschicken."

Damit nehmen Sie der anderen Person garantiert „den Wind aus den Segeln". – Deshalb nicht gleich beleidigt, pampig oder patzig, also mit dem Kind-Ich reagieren, sondern selbstbewusst zu Ihrem

Verhalten und auch zu Ihren Fehlern stehen. Denn Sie tun doch Ihr Bestes, nicht wahr? Selbst wenn das in bestimmten Situationen, in denen Sie überfordert sind, nicht ausreichen mag, so ist das kein Grund, dass ein anderer Sie schlecht behandelt.

> **Praxis-Tipp:**
> Berechtigten Vorwürfen durch Zustimmung zu begegnen hat zudem den Vorteil, dass die andere Person darüber oft so verblüfft ist, dass sie meist sofort einlenkt und mit Ihnen wieder aus dem Erwachsenen-Ich heraus verkehrt. Es lohnt sich, beim nächsten Vorwurf diese Technik einmal ganz gezielt einzusetzen. Sie werden über das positive Ergebnis überrascht sein.

5

Wichtig: Nicht der „Kniefall" bringt Ihnen bei berechtigten Vorwürfen den Erfolg, sondern ein selbstbewusstes Zugeben von Mängeln.

Wie Sie Taktiken offenlegen

Das Offenlegen der Taktik, die die andere Person gerade angewandt hat, nimmt dieser die Möglichkeit, diese Taktik weiterhin anzuwenden. Meist wird sie diesen Vorwurf jedoch als unbegründet ablehnen. Stellen Sie sich vor, ein Kollege greift Sie an: „Seien Sie doch nicht so bürokratisch." und Sie antworten: „Unterlassen Sie bitte Ihren persönlichen Angriff." Mit ziemlicher Sicherheit wird er den persönlichen Angriff leugnen: „Ich habe Sie doch gar nicht persönlich angegriffen!" – Nun, da Sie nicht streitsüchtig sind, sollten Sie einlenken mit: „Mag sein, dass Sie es nicht so gemeint haben. Bei mir kam es so an. Doch jetzt interessiert mich, was finden Sie denn so bürokratisch an meinem Vorgehen? Vielleicht lässt es sich ja ändern, wenn ich Ihre Begründung kenne."

Trainieren Sie das Offenlegen der Taktik aus zwei Gründen, um

- solche Taktiken eher zu erkennen und

- zu erkennen, dass es eine gute Möglichkeit ist, Zeit zu gewinnen und sich dabei auch noch selbst zu behaupten.

Gute Erfahrungen habe ich bei persönlichen Angriffen dieser Art auch mit einem erstaunten „Wie bitte?" gemacht. So merkt Ihr Gegenüber schon am Tonfall, dass das Gesagte wohl nicht so ganz passend war. Außerdem hat diese Reaktion den Vorteil, dass sie die andere Person in Zugzwang bringt, denn sie wird oft als Aufforderung zur Wiederholung des Angriffs verstanden. Doch wenn der Angreifer ihn wirklich wiederholt, verliert er eindeutig an Wirkung.

Den Angriff ins Leere laufen lassen

Das ist eine sehr souveräne Reaktion und kein Zeichen von Schwäche. Vielleicht brauchen Sie ein wenig Überlegungszeit, um zu der Erkenntnis zu kommen: „Stimmt!"

5 Nehmen Sie an, Sie suchen auf Ihrem – sehr unordentlichen – Schreibtisch nach einem bestimmten Vorgang. Ihre Kollegin schnauzt Sie an: „Wenn Sie nicht immer so eine Unordnung auf Ihrem Schreibtisch hätten, hätten Sie die Rechnung schon längst gefunden." Die Unordnung auf Ihrem Schreibtisch zu leugnen, entspräche nicht den Tatsachen.

Eine souveräne Reaktion ist hier, es offen zu lassen: „Mag sein." Oder auch: „Vielleicht haben Sie recht." Oder auch: „Könnten Sie mir bitte helfen, sie zu suchen?" Mit der letzten Bemerkung erreichen Sie entweder, dass Ihre Kollegin Ihnen hilft, oder sie lässt Sie in Ruhe. Beides ist sicher besser, als wenn sie Sie weiterhin mit ihren spitzen Bemerkungen nervt.

> **Praxis-Tipp:**
>
> Wenn Sie bei einem Vorwurf nur auf den Inhalt und nicht auf den Vorwurf eingehen, lassen Sie damit den Angriff ebenfalls ins Leere laufen. Denn die angreifende Person rechnet damit, dass Sie sich wehren. Reagieren Sie anders als erwartet, ist Ihr Gegenüber meist ziemlich verblüfft. Beispielsweise wird Ihnen vorgeworfen: „Müssen Sie immer alles so kompliziert darstellen?" Ihre Antwort lautet: „Nein, wo haben Sie denn Verständnisschwierigkeiten?" Oder Sie können natürlich auch mit „Ja" antworten und dann fortfahren: „Die Gesetzeslage ist leider sehr kompliziert. Ich werde versuchen, es an einem Beispiel darzustellen."

Sich gegen Verallgemeinerungen wehren

Bestehen Sie darauf, dass Ihnen gesagt wird, was an Ihrem Verhalten konkret falsch war und gegebenenfalls auch, was das gewünschte Verhalten konkret beinhalten würde.

Wenn Sie jemand anschnauzt: „Seien Sie doch nicht so unhöflich", bitten Sie um Erläuterung: „Frau S., ich wollte nicht unhöflich sein. Können Sie mir bitte sagen, was Sie an meinem Verhalten geärgert hat?" Vielleicht erfahren Sie auch gleich durch diese Erklärung, was Sie falsch gemacht haben und müssen nicht fragen, was das gewünschte Verhalten wäre. Die Antwort: „Frau B., mich hat vorhin gestört, dass Sie sitzen geblieben sind, als ich ins Geschäft kam, und dass ich Sie erst bitten musste, mir bei der Suche nach einem Pullover behilflich zu sein."

5

Nachdem Sie jetzt wichtige Taktiken kennengelernt haben, um souverän auf Vorwürfe zu reagieren, machen Sie doch jetzt einmal die Probe aufs Exempel und wenden Sie das Gelesene auf die folgenden Vorwürfe an.

Übung:
Auf berechtigte Vorwürfe angemessen reagieren

- Schreiben Sie nicht die „erstbeste" Antwort auf, sondern die „zweitbeste"! Warum nicht die erstbeste? Nun, das ist mit ziemlicher Sicherheit eine schlagfertige Antwort. Woraus Sie erkennen können, dass man, wenn man gerade nicht unter dem Einfluss der Stresshormone steht, sehr wohl eine schlagfertige Anwort parat haben kann. Doch überlegen Sie sich, was Ihnen diese Schlagfertigkeit eingebracht hätte. Bestenfalls hätte man Sie deswegen bewundert. Doch wollen Sie wirklich wegen Ihrer Schlagfertigkeit bewundert werden? Ist es nicht viel besser, wegen seiner fachlichen Kompetenz oder wegen gewisser Eigenschaften, wie Zuverlässigkeit, Charakterfestigkeit oder Treue, geachtet zu werden?

- Bitte denken Sie außerdem daran, sich nur dann zu entschuldigen, wenn es wirklich angebracht ist.

Auf Vorwürfe angemessen reagieren

- Einer der folgenden Satzanfänge passt meistens: „Selbstverständlich ...", „Moment, ...", „Natürlich ...", „Wie bitte?" , „Ich bedaure, ...", „Ich verstehe Sie, ...", „Das ist wirklich ärgerlich ...", „Stimmt, ..."

- Achtung: Sie können auch den Vorwurf überhören und einfach die Frage beantworten!

Den besten Übungserfolg erhalten Sie, wenn Sie die rechte Spalte mit den möglichen Antworten abdecken und erst versuchen, selbst eine geeignete Antwort zu finden.

Berechtigte Vorwürfe und mögliche Antworten

„Kommen Sie immer zu spät?"	„Nein, Frau M., nur heute. Morgen bin ich wieder pünktlich."
„Hören Sie mal, haben Sie das immer noch nicht erledigt?"	„Stimmt, ich hätte es bis 12 Uhr erledigen sollen. Ich mache es jetzt gleich."
„Wie lange soll ich denn noch warten?"	„Moment, Frau S., ich kümmere mich sofort um Ihre Angelegenheit."
„Wo sind Sie denn den ganzen Tag?"	„Normalerweise an meinem Arbeitsplatz. Vorhin war ich allerdings kurz beim Kopieren." Oder humorvoll: „Dort, wo ich gebraucht werde."
„Warum haben Sie nicht zurückgerufen?"	„Stimmt, ich kam noch nicht dazu. Womit kann ich Ihnen helfen?"
„Hören Sie nicht, wenn das Telefon läutet?"	„Selbstverständlich. Doch gerade eben war ich nicht im Raum."
„Wenn Sie weg sind, geht wohl niemand ans Telefon?"	„Normalerweise ja. Ich hatte jedoch vergessen, die Rufumleitung einzuschalten."

Übung: Auf berechtigte Vorwürfe angemessen reagieren

noch: Berechtigte Vorwürfe und mögliche Antworten

„Früher ging's doch auch!"	„Mag sein. Bis wann brauchen Sie die Unterlagen?"
„Wieso dauert's bei Ihnen denn so lange?"	„Frau M., ich bedaure, dass Sie warten mussten. Ich kümmere mich gleich um Sie." (Nicht auf den Vorwurf eingehen.) Ohne Entschuldigung: „Stimmt, Herr M., es dauert länger als üblich, denn ..." (Grund angeben, etwa: „Die Unterlagen sind unvollständig.")
„Seien Sie doch nicht so emotional!"	„Stimmt, hier rege ich mich auf, denn ..." (Stehen Sie zu Ihrem Gefühl und begründen Sie, warum Sie hier emotional reagieren.)
„Wann ist der Bericht endlich fertig?"	„Gleich, einen Moment noch."
„Können Sie die Sachen nicht dahin legen, wo sie hingehören?"	„Selbstverständlich. Was suchen Sie denn gerade?"
„Können Sie nicht lauter reden?"	„Danke für den Hinweis." Und dann lauter weiterreden.
„Sie wissen wohl gar nichts!"	„Doch natürlich, aber in dieser Sache ist Herr G. der zuständige Fachmann." Oder: „Wie bitte?"
„Lassen Sie Ihre Kunden immer so lange warten?"	„Nein, normalerweise nicht. Aber im Moment ist hier wirklich viel los." Oder fragen: „Frau E., bis wann brauchen Sie denn die Sachen?"
„Bei euch klappt ja nie etwas!"	„Ich verstehe Ihren Ärger. Wir bemühen uns wirklich um eine rasche Lösung."
„Sie hatten mir doch versprochen, dass ich die Sachen bis heute bekomme."	„Mag sein, dass Sie mich so verstanden haben. In meinen Unterlagen steht morgen als Liefertermin."

5

noch: Berechtigte Vorwürfe und mögliche Antworten

„Haben Sie in dieser Angelegenheit überhaupt schon etwas unternommen?"	„Selbstverständlich. Leider ist Frau B. bis Montag im Urlaub. Ich werde mich mit ihr dann gleich am Montag in Verbindung setzen."
„Ich sehe Sie andauernd mit anderen ein Schwätzchen halten. Wann arbeiten Sie denn?"	„Stimmt, ich habe mich gerade mit Herrn T. unterhalten. Wir haben dabei das weitere Vorgehen geklärt. Interessiert Sie, was wir vereinbart haben?"

5

Mit verdeckten Aggressionen beziehungsweise Mobbing souverän umgehen

Solange sich Menschen offensiv wehren, hat man eine Handhabe, darüber zu reden und zu versuchen, das eine oder andere zu klären. Doch bei passiv-aggressiven Reaktionen – dazu gehören die verdeckten Aggressionen – angemessen zu reagieren, ist viel schwieriger. Seit einigen Jahren zählen solche Reaktionen auch zum Begriff „Mobbing".

Das ist Mobbing!

- Sie werden ignoriert, es wird Ihnen keine Aufmerksamkeit geschenkt, niemand hört Ihnen zu, man wird einfach wie Luft behandelt.

- Bei Besprechungen übersieht der Gesprächsleiter geflissentlich Ihre Wortmeldung.

- Sie werden missachtet: Alle anderen werden dem Kunden vorgestellt, nur Sie nicht.

- Man stellt Sie vor vollendete Tatsachen, statt Sie in die Entscheidungsfindung mit einzubeziehen.

- Auch Ironie kann eine passiv-aggressive Reaktion sein: „Na ja, jetzt haben wir ja endlich unsere Quotenfrau!"

100

Gehen Sie in die Offensive! Denn wer nicht kämpft, hat schon verloren. Sprechen Sie diese Verhaltensweisen möglichst konkret an, indem Sie klar und deutlich sagen, wie Sie zukünftig behandelt werden wollen. Je früher Sie sich zur Wehr setzen, desto eher hört so etwas auf. Ebenso wichtig ist es, zu schauen, wo Sie Freunde haben, die Ihnen helfen und Sie unterstützen. Scheuen Sie sich in solchen Fällen auch nicht, professionelle Hilfe in Anspruch zu nehmen, die Ihnen den Rücken stärkt. Doch seien Sie auch bereit, die Konsequenzen zu ziehen, also das „leave it" zu praktizieren.

Souveräne Reaktionen zu den obigen Beispielen können sein:

- „Mir ist aufgefallen, dass mir kaum einer zuhört, wenn ich etwas sage. Ich finde das nicht fair und bitte darum, dieses Verhalten einzustellen."

- „Herr N., ich habe mich während der Besprechung schon dreimal zu Wort gemeldet, und erst jetzt, beim viertenmal, haben Sie mich aufgerufen. Ich bitte Sie deshalb, öfter mal nach links zu schauen, wo ich sitze."

- „Herr T., ich habe mich geärgert; denn ich wurde vorhin als einzige dem Kunden nicht vorgestellt. Ich bitte darum, mich in Zukunft vorzustellen."

- „Heute morgen, als ich aus dem Urlaub kam, stellte ich fest, dass ich jetzt in einem anderen Zimmer sitze. Ich empfinde das als Missachtung meiner Person, wenn ich das nicht vorher erfahre. Informieren Sie mich bitte zukünftig über Änderungen, die mich betreffen."

- „Mag sein, dass Sie mich als Quotenfrau empfinden. Ich jedoch bin stolz darauf, wegen meiner Leistung befördert worden zu sein."

Die Gerüchteküche kocht vor sich hin

Auch das Verbreiten von Gerüchten ist oft eine passiv-aggressive Reaktion von Menschen, die sich aus irgendeinem Grund rächen wollen oder einfach auf Ihren Erfolg neidisch sind. Wenn man so etwas erfährt, ist man meist wie wild darauf aus, den Urheber zu finden: „Wer hat behauptet, ich hätte das Handy aus dem Büro des Chefs gestohlen?" Die Wahrscheinlichkeit, dass Sie das klären können, ist gering.

Auf Vorwürfe angemessen reagieren

Achtung: Für die Zukunft ist es wichtiger, dass das Gerücht verschwindet. Denn selbst wenn Sie den Urheber finden würden, Gerüchte entwickeln oft eine Eigendynamik, die Sie damit nicht stoppen.

Praxis-Tipp:

Erfolg versprechender ist es, im Rahmen einer Mitarbeiterbesprechung öffentlich zu verkünden, dass dieses Gerücht nicht stimmt und Sie darum bitten, es erstens nicht weiter zu verbreiten, und zweitens, jedem, der dies behauptet, zu erklären, dass das Gerücht nicht stimmt. Sie können einen Anschlag am „Schwarzen Brett" machen und gegebenenfalls rechtliche Schritte einleiten, wenn dieses Gerücht weitergegeben wird.

5

Wenn Kollegen bösartig sind

Angenommen, Sie vermissen auf Ihrem Schreibtisch Unterlagen. Wer hat sie weggenommen? Geschah es aus Bösartigkeit oder hatte die Kollegin vergessen, Sie darüber zu informieren, dass sie die Akte aufgeräumt hat. Oder war es der Beginn von Mobbing?

Praxis-Tipp:

Ein alter Rechtsgrundsatz lehrt: „Solange die Schuld des Angeklagten nicht erwiesen ist, muss man von seiner Unschuld ausgehen." – Vertrauen Sie Menschen trotz Enttäuschungen weiterhin. Wenn Sie von anderen das Beste erwarten, werden sie auch eher ihr Bestes geben, als wenn Sie ihnen Negatives unterstellen.

Wenn Vorwürfe unausgesprochen bleiben

Kennen Sie die vorwurfsvolle Miene mancher Menschen, die bei uns schon ein schlechtes Gewissen auslösen, ohne dass Sie etwas gesagt oder getan haben? Auch dagegen sollten Sie sich wehren, indem Sie um eine Erklärung bitten: „Frau D., Sie schauen so vorwurfsvoll. Habe ich Sie in irgendeiner Weise geärgert?" – Wenn daraufhin nichts Konkretes kommt, haben Sie alles getan, was möglich war; denn niemand kann von Ihnen erwarten, dass Sie Gedanken lesen können.

Beispiel:

Sie kommen nach Hause und sie/er guckt muffelig. Sie fragen: „Ist was?" – Also ich habe auf diese Frage noch nie eine aufschlussreiche Antwort bekommen, ich muss allerdings gestehen, wenn ich das gefragt worden bin, habe ich selbst auch keine konkrete Antwort gegeben, sondern meist gesagt: „Ach nichts." Besser wäre zu fragen: „Ich habe den Eindruck, du fühlst dich mies. Was kann ich tun, damit es dir besser geht?"

5

Kritik als Geschenk betrachten

Kritik wird oft – besonders von Perfektionisten – als Vorwurf empfunden. Auch reagiert man manchmal negativ auf Kritik, weil man meint, man müsste sie annehmen. Das ist ein Denkfehler. Sie haben immer noch die Freiheit zu sagen: „Ich verstehe Ihre Kritik, dennoch werde ich bei meiner Entscheidung bleiben." – Sie können jedoch auch bei gewissen Kritikpunkten zustimmen: „Stimmt, in dem Punkt sollte ich mein Verhalten wirklich ändern."

Beispiel:

Ich unterrichte schon seit meinem 23. Lebensjahr und hatte früher Angst, von älteren Seminarteilnehmern nicht ernst genommen oder angemacht zu werden. Deshalb zog ich mich so an, dass ich als Frau wenig attraktiv wirkte. Außerdem kam ich immer ungeschminkt und hatte meine langen Haare hochgesteckt. Hin und wieder kritisierte ein Teilnehmer dies, etwa mit den Worten: „Frau Fey, wenn Sie sich ein wenig weiblicher anziehen würden und eine vorteilhaftere Frisur hätten, würden Sie viel hübscher wirken." Da es jedoch meine Entscheidung war, mich so zu verhalten, hatte ich

Auf Vorwürfe angemessen reagieren

> schon damals einen Standardsatz auf Lager, der eine Schlag-
> fertigkeit vortäuschte, die ich jedoch nicht besaß, indem ich
> sagte: „Herr T., ich verstehe Ihren Wunsch. Doch mache ich
> Sie darauf aufmerksam, dass ich nicht hier bin, um Ihnen zu
> gefallen, sondern um Ihnen das Reden beizubringen."

Egal, ob Sie die Kritik ablehnen oder annehmen, bedanken sollten
Sie sich für den Hinweis auf jeden Fall. Sie wissen vielleicht selbst,
dass es manchmal nicht ganz leicht fällt, jemanden zu kritisieren;
denn wir fürchten bisweilen, dass die andere Person beleidigt
oder aggressiv reagiert. Sagen Sie also das nächste Mal, wenn Sie
jemand kritisiert: „Gut, dass Sie mir das gesagt haben." Oder: „Ich
danke Ihnen für Ihre Offenheit." Oder bei Kleinigkeiten nur: „Vielen Dank für Ihren Hinweis."

Mit Beschwerden richtig umgehen

6

Warum Sie Ihre „Achillesferse" kennen sollten

Jeder Mensch hat seine „Achillesferse". Wo sind Sie verwundbar beziehungsweise verletzlich? Perfektionswahn? Oder reagieren Sie sauer, wenn Sie für etwas verantwortlich gemacht werden, was Sie gar nicht getan haben? – Identifizieren Sie die „Köder", dann trifft Sie Kritik bezüglich dieser Punkte weniger hart.

Beispiel:

Ein Kunde beschwert sich, dass die Ware beschädigt angekommen sei. Obwohl Sie sie nicht verpackt haben und auch nicht für den Versand zuständig sind, fühlen Sie sich trotzdem angegriffen und fangen an, sich zu rechtfertigen: „Da kann ich doch nichts dafür. Ich bin nicht für den Versand zuständig. Die souveräne Reaktion wäre: „Vielen Dank für Ihren Anruf. Ich leite Ihre Beschwerde sofort weiter. Können Sie bitte entsprechende Angaben machen? … Danke, bitte zuerst Ihren Namen …"

Achtung: Wenn Sie zu den Menschen gehören, die sich in solchen Situationen schnell angegriffen fühlen, lässt das darauf schließen, dass Ihr Selbstwertgefühl zu gering ist, denn sonst könnten Sie zu sich sagen: „Was juckt es eine Eiche, wenn sich 'ne wilde Sau dran schabt." Trotz einer solchen Einstellung sollten Sie den Kunden mit seiner Beschwerde ernst nehmen.

Praxis-Tipps:

- Interpretieren Sie Beschwerden künftig als Geschenk, denn sie geben Ihnen und dem Unternehmen die Chance, etwas zu verbessern.

- Bedanken Sie sich mit einer Formulierung, die dem Kunden sofort den „Wind aus den Segeln" nimmt und fast immer passt: „Vielen Dank für Ihren Anruf" Oder: „Gut, dass Sie gekommen sind."

Die häufigsten Fehler bei einem Reklamationsgespräch

Der Beginn eines Reklamationsgesprächs ist besonders kritisch. Wenn sich jemand bei Ihnen beschwert, kann es sein, dass bei Ihnen sofort das Alarmprogramm „anspringt". Deshalb werden häufig am Anfang eines Reklamationsgespräches entscheidende Fehler gemacht. Das ist umso bedauerlicher, da bekanntlich der erste Eindruck besonders wichtig ist. Hier Beispiele für falsche Reaktionen:

- „Darüber hat sich noch nie jemand beschwert!"

  Statt: „Das ist wirklich ärgerlich. Ich schaue gleich mal nach, ob dieser Fehler schon mal aufgetaucht ist."

- „Sie sind die Erste, bei der dieser Fehler auftaucht."

  Statt: „Hm, dieser Defekt ist neu. Damit wir Ihnen helfen können, würden Sie uns bitte das Gerät vorbeibringen?"

- „Haben Sie schon die Gebrauchsanweisung gelesen?"

  Statt: „Schauen Sie doch bitte mal in der Gebrauchsanweisung auf Seite 10 nach, ob da ein Hinweis steht, mit dem Sie die Störung beheben können."

- „Da könnt' ja jeder kommen."

  Statt: „Ich würde Ihnen gern helfen, doch dazu brauche ich den Kassenzettel."

Immer Angebote machen

Das „Immer-Angebote-Machen" muss zur Gewohnheit werden. Stellen Sie sich vor, eine Kundin hat an ihrem neuen Kleid einen Knopf verloren und möchte den gleichen wieder kaufen. Er ist jedoch nicht vorrätig und auch nicht mehr lieferbar. Sagen Sie jetzt trotzdem nicht: „Da kann ich Ihnen leider nicht helfen." Selbst wenn Sie einmal den Eindruck haben, Sie könnten tatsächlich nicht helfen, ist dieser Eindruck falsch. Sie können nämlich immer im Rahmen Ihrer Möglichkeiten helfen und sei es, dass Sie jemand zuhören, der Ihnen sein Leid klagt.

Meist können Sie Alternativen bieten, etwa, dass die Kundin alle Knöpfe an dem Kleid erneuert und diese ihr gegen einen geringen

Mit Beschwerden richtig umgehen

Preis angenäht werden. Selbst wenn Sie mich als Kundin zur Konkurrenz schicken würden, wäre ich deshalb nicht gleich verloren. Ich würde gern wieder in Ihr Geschäft gehen, gerade weil Sie mir einen Rat gegeben haben, der vordergründig gegen Ihre Interessen war.

Bei unerfüllbaren Forderungen

Manchmal stellen Kunden aber auch unerfüllbare Forderungen. Wie gehen Sie damit um? Sagen Sie bitte nicht: „Das geht nicht." Die richtige Antwort: „Herr T., Sie hätten gern bis Freitag 1000 Bücher gebunden. Wäre es für Sie ausreichend, wenn wir Ihnen bis Freitag 200 und die restlichen 800 bis zum darauf folgenden Mittwoch liefern würden?"

Wenn er ablehnt, versuchen Sie herauszufinden, warum er unbedingt alle 1000 Exemplare am Freitag braucht, um dann vielleicht doch noch eine akzeptable Lösung zu finden.

6

Bei wütenden Menschen

Gerade, wenn ein Mensch wütend ist, ist es manchmal schwierig, von ihm die nötigen Informationen zu bekommen, um ihm helfen zu können. Diese Informationen kann Ihnen die andere Person im Moment gar nicht geben, weil sie sich noch im „hormonellen Nebel" befindet. Deshalb ausreden lassen, durch ein beruhigendes „Hm, hm" signalisieren, Sie hören zu. Oder zeigen Sie auch durch einen mitfühlenden Gesichtsausdruck, dass Sie die Beschwerde ernst nehmen. Wenn Sie den Eindruck haben, dass die andere Person anfängt, ruhiger zu werden, dann nicht gleich fragen, was Sie wissen wollen, sondern zuerst begründen, warum Sie eine bestimmte Information brauchen.

Standardformulierungen

- „Damit ich Ihnen weiterhelfen kann, benötige ich von Ihnen …"
- „Um Ihnen zu helfen, sollten Sie mir den Mangel so genau wie möglich schildern."
- „Ich möchte Ihnen gern helfen. Dazu brauche ich …"
- „Ich werde mich sofort persönlich darum kümmern. Dazu benötige ich von Ihnen …"

---

www.WALHALLA.de

Wichtig: Entschuldigungen besänftigen den Kunden, beseitigen jedoch nicht die Ursache und bieten keine Lösung. Außerdem sollte eine Wiedergutmachung des entstandenen Schadens selbstverständlich sein. Das muss kein Geld sein, oft genügt als Geste eine kleine Flasche Piccolo Sekt. Zeigen Sie vor allem menschliches Verständnis für das Ärgernis und Sie werden feststellen, dass Sie bald Profi sind im Umgang mit Kundenbeschwerden.

Was Kunden nicht hören wollen

Kunden wollen keine langatmigen Erklärungen hören, warum etwas schief gegangen ist. Denn diese machen den Ärger nicht ungeschehen und helfen in der Sache nicht weiter. Auch Ihr Unternehmen ist nicht sehr daran interessiert, dass Sie lange Erklärungen liefern, denn damit geben Sie manchmal Informationen weiter, die unter Umständen für das Image des Unternehmens negativ sind, etwa dass Sie in Lieferschwierigkeiten gekommen sind, weil so viele Mitarbeiter gekündigt hätten. Wenn Sie dem Kunden jedoch eine kurze, plausible Erklärung für seinen Ärger liefern, kann es sein, dass er dadurch Verständnis für Ihre Situation aufbringt. Doch darauf bauen sollten Sie nicht.

Da den Kunden Ihre Probleme nicht interessieren, wird er oft recht ungehalten, wenn Sie trotzdem versuchen, ihm etwas zu erklären. Und Sie bekommen zu hören: „Das interessiert mich nicht."

Beispiel:

Ein Kunde beschwert sich, weil er wegen einer Autopanne schon drei Tage auf ein Ersatzteil wartet, ohne das er nicht weiterfahren kann. Hilft ihm da Ihre Erklärung, warum er das Teil noch nicht erhalten hat, weiter? Nein. Deshalb zuerst eine ihn befriedigende Lösung finden, dann ist er vielleicht bereit, sich Ihre Erklärung anzuhören. Seien Sie jedoch nicht enttäuscht, wenn es ihn immer noch nicht interessiert.

Wie ein Reklamationsgespräch ablaufen könnte

- Begrüßung: Aufstehen, die Hand zum Gruß reichen und sich vorstellen: „Guten Tag, ich bin Frau S. und Sie sind Frau …?"

- „Bitte setzen Sie sich."

- „Was führt Sie zu mir?" Oder „Womit kann ich Ihnen helfen?"

- Verständnis für die Reklamation zeigen: „Ich verstehe Sie, dass Sie …, aber …"

- „Damit Sie mir den Sachverhalt im Zusammenhang schildern können, erlauben Sie, dass ich mir Notizen mache?"

- Bei unklaren Äußerungen nachhaken: „Damit ich Ihr Anliegen bearbeiten kann, brauche ich noch folgende Angaben …" (z. B. „wer", „wann", „wie oft", „wie lange")

- Beschwerde gegebenenfalls relativieren, wenn Äußerungen vorkommen, wie „immer" oder „alle" oder „niemand".

- Falls die Reklamation berechtigt ist, Angebote machen, beispielsweise Preisnachlass, Nachbesserung, bevorzugte Behandlung.

- Glaubhaft versichern, dass Sie der Reklamation sofort nachgehen werden.

- Falls der Reklamation nicht entsprochen werden kann, beispielsweise weil Sie entsprechende Vorschriften haben, „Trostpflaster" bereithalten oder ihm/ihr das Gefühl vermitteln, trotzdem etwas erreicht zu haben.

- Falls MitarbeiterInnen oder KollegInnen beschuldigt werden, diese vor dem Kunden in Schutz nehmen und anschließend intern die betreffenden Kollegen zur Rechenschaft ziehen.

Praxis-Tipp:

Wenn Sie davon ausgehen können, dass das Problem gelöst worden ist, machen Sie einen „Kundenpflegeanruf". Fragen Sie nach, ob jetzt alles zu seiner Zufriedenheit erledigt wurde. Nicht nur der Kunde freut sich über Ihre Fürsorge, auch Sie haben die Chance gelobt zu werden: „Doch, Frau P., es wurde alles zu meiner Zufriedenheit erledigt! Bei Ihnen bestelle ich wieder." Und wenn Sie jetzt geschickt sind, können Sie gleich noch einen neuen Auftrag abschließen.

Checkliste: Beschwerde

Vermeiden Sie folgende Fehler:

- Kunden unterbrechen
- Belehren
- „Spieß herumdrehen", Kunden Schuld zuweisen

Was Sie machen sollten:

- Grundsätzlich: Jede Beschwerde ernst nehmen!
- Gesprächsnotizen machen, sie führen zur Versachlichung.
- Versuchen Sie, eine angenehme Gesprächsatmosphäre zu schaffen.
- Wenn möglich, bieten Sie ein Getränk an.
- Grundsätzlich: Immer Hilfe anbieten.
- Kundenpflegeanruf nach Erledigung der Beschwerde

6

Selbstbehauptung und Grenzen setzen

7

Was unter Selbstbehauptung zu verstehen ist

Neben Angriff und Flucht ist Selbstbehauptung eine sinnvolle Verhaltensweise. Sie ist erlernbar und bringt Ihnen Vorteile, ohne andere anzugreifen oder klein beizugeben. Selbstbehauptung ist ein Eintreten für sich selbst und seine Interessen, aggressives Verhalten richtet sich gegen andere.

Wichtig: Jeder von uns muss anderen Menschen hin und wieder Grenzen setzen. Andere wissen nicht immer, wie Sie behandelt werden möchten. Deshalb müssen Sie es ihnen sagen, wie Sie behandelt werden wollen.

> **Praxis-Tipp:**
>
> Mit Selbstbehauptung fühlen Sie sich gut, aber nicht in der Weise, dass Sie zu sich sagen: „Hach, dem hab ich's aber gegeben", sondern indem Sie spüren, dass dadurch Ihr Selbstvertrauen gesteigert wird: „Ich habe das getan, was mir möglich war. Wenn er/sie sein Verhalten nicht ändert, dann werde ich nach einer anderen Lösung für mich suchen."

Selbstbehauptung garantiert nicht die Erfüllung Ihrer Wünsche. Auch wenn Sie das Verhalten eines anderen Menschen dadurch nicht ändern, fühlen Sie sich auf alle Fälle besser. Denn wenn Sie sich nicht selbst behaupten, ärgern Sie sich auch noch über sich selbst.

Lassen Sie keine Schuldgefühle zu!

Wie können Sie dem entgehen? Akzeptieren Sie, dass Sie nicht für die Gefühle anderer verantwortlich sind, selbst wenn Sie sie ausgelöst haben sollten.

Zwar kann man vermuten wie jemand reagiert, jedoch besteht auch die Möglichkeit, dass dieser Mensch ganz anders reagiert als erwartet.

Beispiel: ─────────────────────────────

Sie bitten Herrn M., dass er sich nicht mehr über Sie lustig machen solle – und anstatt beleidigt oder aggressiv zu reagieren, bedankt er sich bei Ihnen: „Frau H., gut dass Sie mir das gesagt haben, ich dachte nämlich, weil Sie immer mitlachten, dass Ihnen meine Bemerkungen gefallen. Aber wenn es Sie verletzt, dann werde ich sie natürlich nicht mehr machen!"

Praxis-Tipps:

■ Lassen Sie sich keine Schuldgefühle einreden, wenn Sie anderen Menschen Grenzen setzen und ihnen in angemessener und souveräner Weise sagen, wie Sie wünschen, behandelt zu werden.

■ Niemand hat das Recht, Ihnen Schuldgefühle einzureden. Verhalten Sie sich immer so, dass Sie jederzeit, wenn ein anderer Mensch dies versucht, sagen können: „Ich tue mein Bestes. Dennoch können mir Fehler passieren. Und wenn das der Fall sein sollte, dann habe ich es nicht verdient, von Ihnen heruntergeputzt zu werden."

7

Stärken Sie Ihr Selbstwertgefühl – falls notwendig – immer wieder mit der Feststellung: „Ich tue mein Bestes." Wenn Sie das eine Weile praktiziert haben, werden Sie erstaunt sein, dass es immer weniger Menschen gelingt, bei Ihnen Schuldgefühle zu wecken. Denn mit der Formulierung übernehmen Sie die volle Verantwortung für sich und Ihre Handlungen. Das sollte Sie nicht daran hindern, sich auch einmal für bestimmte Handlungen zu entschuldigen oder Ihr Bedauern zu äußern, etwa wenn jemand eine halbe Stunde auf Sie warten musste. Hier ist eine Entschuldigung und auch eine „Wiedergutmachung" in irgendeiner Form sicher angemessen.

Stehen Sie zu Ihren Fehlern!

Bedenken Sie, dass sich Fehler häufen, wenn Sie sich auch noch darüber ärgern, anstatt sie als normal hinzunehmen. Ihnen ist es sicher schon passiert, dass Sie bei Vorträgen den Faden verloren und/oder sich versprochen haben. Wenn Sie sich über solche Kleinigkeiten ärgern und sich deshalb verkrampfen, ist die Wahrscheinlichkeit, dass es Ihnen in dieser Rede noch öfter passiert, viel größer, als wenn Sie sagen: „Was soll's." Das heißt, Sie akzeptieren diese kleine Unzulänglichkeit und machen weiter.

Wichtig: Seien Sie souverän im Umgang mit Ihren Fehlern. Denn wenn Sie sich eigene Fehler, insbesondere auch kleine, übelnehmen, trifft Sie ein diesbezüglicher Vorwurf von anderen natürlich stärker, als jemand, der zu seinem Fehler steht und versucht, den daraus entstandenen Schaden wieder gutzumachen.

Wenn ich mich bei einem Fehler ertappe, tröste ich mich hin und wieder mit einem ironischen Spruch: „Der Unterschied zwischen einem dummen und einem intelligenten Menschen ist: Der Dumme macht immer die gleichen Fehler und der Intelligente jedesmal andere."

Lassen Sie sich von Ihren Gefühlen nicht auffressen!

7 Paul Watzlawick erzählt in seinem Buch „Eine Anleitung zum Unglücklichsein" die Geschichte einer Ehefrau, die sich und ihre Wünsche verleugnete: Am Morgen nach der Hochzeit brachte ihr ihr Mann das Frühstück ans Bett. Sie war voll des Lobes und aß selbst die Cornflakes, obwohl sie sie nicht mochte. Ein psychologischer Grundsatz besagt, dass ein Verhalten, das gelobt wird, öfter gezeigt wird. Also bekam sie von ihrem Mann, wenn er ihr wieder einmal Frühstück ans Bett brachte, immer Cornflakes. Das ging so lange, bis sie eines Tages „ausrastete" und ihrem Mann die Cornflakes vor die Füße schüttete und brüllte: „Ich mag doch keine Cornflakes." Daraufhin war ihr Mann natürlich tief erschüttert: „Aber Liebling, warum hast du mir das nicht schon längst einmal gesagt?"

Reagieren Sie daher nicht wie diese Ehefrau. Wehren Sie sich rechtzeitig, damit Sie noch überlegt handeln können, anstatt zu warten, bis Gefühle, wie Wut oder Hass, die Oberhand gewinnen.

Fragen Sie sich jetzt bitte: Gehöre ich zu den Menschen, die sich leicht Schuldgefühle einreden lassen und Angst haben, die Gefühle anderer zu verletzen, wenn Sie sich gegen ein bestimmtes Verhalten, das Sie stört, wehren?

An einem Vergleich lässt sich zeigen, warum Sie bei zu langem Warten vermutlich überreagieren.

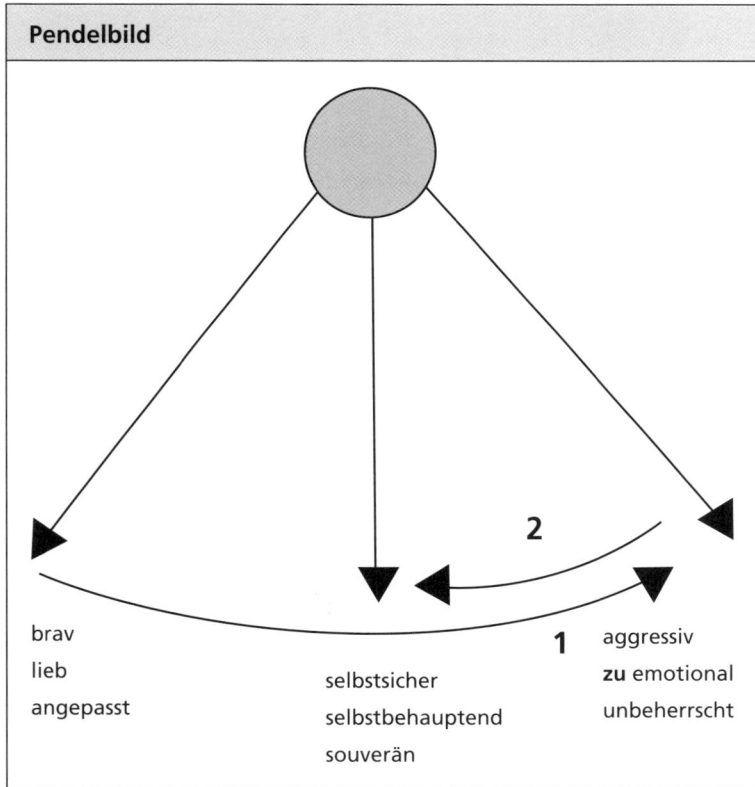

Pendelbild

brav
lieb
angepasst

selbstsicher
selbstbehauptend
souverän

1 aggressiv
zu emotional
unbeherrscht

2

7

Erläuterung:

Denken Sie an ein Pendel, das ganz nach links ausschlägt. Dort ist das unsichere, das brave und angepasste Verhalten angesiedelt, über das Sie sich ärgern und das Sie ablegen wollen. Eines Tages, wenn Sie zu viel und zu lange „geschluckt" haben, bekommen Sie einen Wutanfall und das Pendel schlägt jetzt in die andere Richtung aus. Sie werden aggressiv und können nur noch unflätige Worte von sich geben und kreischen: „Unverschämtheit, Sie mieser Kerl, Sie! Können Sie sich nicht anständig benehmen? Immer diese spitzen Bemerkungen! Unterlassen Sie das gefälligst!"

Selbstbehauptung und Grenzen setzen

Angenommen, der Kollege lässt sich das nicht gefallen, schlägt zurück und fährt Sie an: „Was haben Sie denn? Jetzt regen Sie sich doch nicht gleich so auf! Das können Sie mir doch auch in einem vernünftigen Ton sagen!" Und „schwupp-di-wupp" schlägt das Pendel wieder zurück in die andere Richtung und Sie entschuldigen sich dafür, dass Sie ihn beleidigt haben. Hinterher sind Sie sauer auf sich und beschließen um des lieben Friedens willen, in Zukunft sein Verhalten wieder zu ertragen, also wieder „Opfer" zu sein.

Behaupten Sie sich deshalb lieber frühzeitig, solange Sie sich und Ihre Gefühle noch unter Kontrolle haben. Wenn Sie solche Wutanfälle öfter haben, können Sie trotzdem lernen, sich in angemessener Weise zu behaupten. Vielleicht hilft Ihnen dabei folgende Überlegung: Selbstsicheres und souveränes Verhalten lässt sich lernen, auch wenn es Zeit und Übung braucht.

„Verhaltensweisen sind am Anfang wie Spinnweben und am Ende wie Drahtseile." (Spanisches Sprichwort) Deshalb müssen Sie manchmal erst Drahtseile zerhacken – was einen ziemlichen Aufwand bedeutet – und bis dann aus den Spinnweben wieder Drahtseile geworden sind, dauert es.

Umlernen ist meist schwieriger als Lernen

Vielleicht ist es Ihnen auch schon aufgefallen, dass wir tatsächlich „Gewohnheitstiere" sind, und je länger wir ein bestimmtes Verhalten praktizieren, desto schwerer lässt sich ein neues Verhalten angewöhnen. Seien Sie deshalb bitte geduldig mit sich und akzeptieren Sie es, wenn Sie bei den ersten Versuchen, sich zu wehren, unangemessen heftig reagieren. Denn beim selbstsicheren Verhalten schlägt das Pendel aus bis zur Mitte, und wenn Sie über die Mitte hinausschießen, stoppen Sie es auf dem Rückweg beim selbstsicheren Verhalten. Lassen Sie nicht zu, dass es wieder ins andere Extrem zurückpendelt.

Neben Geduld ist Übung notwendig

Vielleicht waren Sie schon mit Ihrem Auto in England unterwegs und mussten sich an den Linksverkehr gewöhnen. Auch da haben Sie bemerkt, dass es dazu einiger Übung bedarf. Unabhängig davon, auf welchem Gebiet Sie Ihr Selbstvertrauen stärken wollen: Damit Sie persönliche Angriffe und Vorwürfe weniger treffen, ist es sinnvoll, kleine, Erfolg versprechende Schritte zu machen. Wichtig allein ist, dass Sie sich auf den Weg machen!

Beispiel:

Denken Sie an Erfolge im Sport. Dort akzeptieren wir auch, dass wir nicht gleich den Marathonlauf mitmachen können, sondern dass dazu Übung und Ausdauer nötig sind, obwohl jeder von uns bereits laufen kann.

Praxis-Tipp:

Entwickeln Sie ein eigenes Programm wie beim Fitness-Training. Verhaltensänderung ist nicht nur eine Frage der Willenskraft, sondern auch der Übung. Nutzen Sie also zukünftig jede Situation, um sich selbst zu behaupten, und sei es nur zu Übungszwecken und nicht, weil es Sie wirklich aufregt.

7

Beispiel:

Sie stehen beim Bäcker an, meinen, Sie seien an der Reihe und sagen: „Drei Brötchen bitte", als sie eine ältere Dame anschnauzt: „Ich bin aber vor Ihnen dran." Vielleicht hätten Sie früher entschuldigend reagiert oder aggressiv oder Sie hätten geschwiegen. Jetzt in der Übungsphase versuchen Sie selbstbewusst und freundlich zu reagieren, etwa mit: „Vielen Dank, dass Sie mich darauf aufmerksam gemacht haben. Ich dachte, Sie seien nach mir gekommen." Jetzt kann es sogar sein, dass die ältere Dame entschuldigend reagiert: „Na ja, kann ja jedem mal passieren" und lächelt sie dann freundlich an. Sie lächeln zurück und vielleicht ergibt sich aus diesem Vorfall sogar noch eine nette Bekanntschaft.

Besonders, wenn Sie aus Rücksicht auf die Gefühle einer anderen Person deren bisweilen unverschämtes Verhalten ertragen und geschwiegen haben, ist es wichtig, zu erkennen, dass Sie bei einem ziemlich sicher ausbrechenden Wutanfall diese Person vielleicht sogar körperlich angreifen, weil Sie Ihre aggressiven Gefühle, die sich im Lauf der Zeit immer mehr verstärkt haben, nicht mehr kontrollieren können. Und dann genügt der bekannte Tropfen, der das Fass zum Überlaufen bringt.

Mit dem richtigen Tonfall „Klippen umschiffen"

Für die Verhaltensänderung ist es wichtig, sich nicht nur angemessen mit Worten zu wehren, sondern auch durch Ihren Tonfall und Ihre Körpersprache her zu signalisieren, dass es Ihnen ernst ist.

Beispiel:

Eine attraktive Frau im Minirock wird von einem Mann im Fahrstuhl in den Hintern gekniffen und sagt kichernd und errötend: „Aber nicht doch! Lassen Sie das bitte!" Würden Sie glauben, dass es diese Frau ernst meint? Sicher nicht. Wenn die gleiche Frau den Mann jedoch ernsthaft anschaut und ohne Umschweife in einem kühlen sachlichen Ton sagt: „Unterlassen Sie das bitte", wird der Mann vermutlich rot und eine Entschuldgung stammeln.

7

Um ein Gespür für den richtigen Tonfall zu bekommen, machen Sie bitte die folgende Übung.

Tonfall-Übung

Im gleichen Tonfall, in dem Sie jemanden am Nachbartisch im Restaurant bitten „Würden Sie mir bitte Salz und Pfeffer reichen?", sprechen Sie bitte die folgenden Sätze laut. Dieser „Salz-Pfeffer-Tonfall" ist der Ton, der sachlich-freundlich klingt und keine Aggressionen weckt:

■ „Würden Sie bitte das Fenster schließen?", statt: „Machen Sie jetzt endlich mal das Fenster wieder zu!"

■ „Bitte lassen Sie mich ausreden." statt: „Jetzt lassen Sie mich auch mal was sagen. Ich hab Sie ja schließlich vorhin auch ausreden lassen."

- „Nehmen Sie bitte Ihre Hand von meiner Schulter." Statt: „Nehmen Sie gefälligst Ihre Hand von meiner Schulter."

- Chef zu Mitarbeiter: „Herr M., ich brauche dringend den Brief von Herrn T. Bitte suchen Sie ihn." Statt entschuldigend: „Ach könnten Sie bitte so nett sein und mir den Brief von Herrn T. suchen, ich habe ihn leider verschlampert."

- „In diesem Raum ist das Rauchen verboten. Stellen Sie deshalb bitte das Rauchen ein." Statt aggressiv zu werden: „Können Sie nicht lesen? Hier steht doch groß und deutlich geschrieben: Rauchen verboten. Also machen Sie sofort Ihre Zigarette aus!"

Praxis-Tipp:

Eliminieren Sie sprachliche Weichmacher. Dazu müssen Sie verstärkt auf Ihre Worte achten. In den Fällen, in denen Sie sich selbst behaupten wollen, müssen Sie „ein bisschen", „eigentlich", „vielleicht" weglassen, denn sie sind Kennzeichen einer „Powerless Language".

7

Verzichten Sie am Ende einer Aussage auch auf „Frageanhängsel" wie „ja?", „nicht wahr?", „oder?". Sie sind allerdings manchmal dialekttypisch. Deshalb sind sie nicht immer als Zeichen von Unsicherheit zu werten; sie dienen oft als Kontaktverstärker.

Wichtig: Das Verniedlichen von Wörtern, „Täschchen", „Kleidchen" usw., sollte vermieden werden – ebenfalls selbstabwertende Äußerungen wie: „Ach, das war doch gar nicht so eine schwierige Arbeit" und unnötiges Entschuldigen wie: „Tut mir leid".

Wenn Sie Ihre berechtigten Forderungen verstecken hinter Wörtern wie „man" oder „es", dürfen Sie sich nicht wundern, wenn sie andere nicht sonderlich ernst nehmen. Etwa wenn Sie zu Ihrer Kollegin sagen: „Man sollte hier mal wieder aufräumen.", anstatt zu sagen: „Bitte, Frau G., ich habe Schwierigkeiten meine Unterlagen zu finden. Räumen Sie deshalb bitte Ihre Sachen weg."

Wann Grenzen notwendig sind

Sie setzen schon Ihr Leben lang anderen Menschen Grenzen, genauso, wie Ihnen andere Grenzen setzen. Dennoch ist man manchmal unsicher und empfindet sich vielleicht als kleinlich oder pingelig, wenn man andere darauf aufmerksam macht, wie man behandelt zu werden wünscht.

Regeln für die Selbstbehauptung

Sie sollten sich selbst behaupten …

- immer dann, wenn Wiederholungsgefahr besteht, etwa im Umgang mit der Partnerin oder dem Partner.

- im Büro, wo Sie tagtäglich mit den gleichen Menschen zusammen sind.

- immer dann, wenn Ihr Selbstbild in Gefahr ist. Denn Sie können sich nicht entrinnen. Deshalb müssen Sie sich so verhalten, dass Sie sich mögen.

- so bald wie möglich, damit aus einem einmaligen Vorfall keine Gewohnheit wird und Sie noch angemessen reagieren können.

- bei einem dominanten Chef, der Unterwürfigkeit erwartet. Hier ist es sinnvoll, noch in der Probezeit Grenzen zu setzen, um zu zeigen, Sie fürchten sich nicht vor ihm und geben ihm die Chance, sein Verhalten Ihnen gegenüber zu ändern. Wenn er sie weiterhin schikanieren sollte, ziehen Sie bitte entsprechende Konsequenzen, um noch während der Probezeit aus diesem Arbeitsverhältnis auszusteigen.

Wehren Sie sich nicht, bestärken Sie den dominanten Chef in seinem autoritären Verhalten. Es kann sein, dass er sich Ihre Leistung selbst zuschreibt: „Wenn ich nicht immer so hinter Ihnen her wäre, würde hier überhaupt nichts fertig werden."

Verkünden Sie „Ihre Menschenrechte"

Wenn Sie „Rückenstärkung" benötigen, um sich in gewissen Situationen selbst behaupten zu können, unterstützen Sie dabei die folgenden Menschenrechte. Werden Sie sich ihrer bewusst und berufen Sie sich auch darauf, um der anderen Person zu zeigen, wo Ihre Grenzen sind. Sprechen Sie sie bitte laut und deutlich. Sie können gern noch welche hinzufügen:

- „Ich habe ein Recht darauf, ich selbst zu sein."
- „Ich habe ein Recht darauf zu entscheiden, wie ich leben will."
- „Ich habe ein Recht darauf, gut behandelt zu werden."
- „Ich habe ein Recht darauf, meine Gefühle und Meinungen zu äußern."
- „Ich habe das Recht, Nein zu sagen."
- „Ich habe ein Recht, um das zu bitten, was ich gern haben möchte."
- „Ich kann mich selbst behaupten, ich kann aber auch in manchen Situationen darauf verzichten."

Insbesondere das letzte Recht ist wichtig. In den USA gibt es dafür sogar schon einen medizinischen Begriff: „Assertion Neuroses". Geben Sie sich daher selbst in manchen Situationen das Recht, sich nicht selbst zu behaupten, ohne sich selbst böse zu sein, etwa in folgenden Situationen:

- Sie sind einfach zu erschöpft, um sich souverän behaupten zu können.
- Es ist nicht der richtige Zeitpunkt, etwa wenn Sie dadurch Ihren ICE verpassen.
- Manchmal sind Sie einfach nicht schnell genug und der andere hat schon den Telefonhörer aufgelegt, bevor Sie etwas Entsprechendes sagen konnten.
- Sie meinen, es sich in der momentanen Situation nicht leisten zu können, etwa wenn Sie die Arbeitsstelle wechseln wollen, so dass Sie mit der Selbstbehauptung warten, bis Sie einen neuen Job haben.

Praxis-Tipps:

- „Ich habe die Pflicht, mich selbst gut zu behandeln."
- „Das, was du nicht willst, dass man dir tut, das füg' auch keinem anderem Menschen zu."

Selbstbehauptung und Grenzen setzen

Was sind Ihre Vorteile, wenn Sie lernen, sich souverän zu behaupten?

- Selbstsichere Menschen sind geachtet.

- Sie werden besser behandelt.

- Andere Menschen wissen, woran sie bei Ihnen sind. Fragen Sie sich bitte, ob Sie nicht auch lieber mit Menschen zusammen sind, die Ihnen offen und in angemessener Weise mitteilen, wie sie behandelt werden wollen.

- Sie selbst fühlen sich wohler.

- Ihr Selbstvertrauen wird gesteigert.

- Sie strahlen Selbstsicherheit aus, deshalb werden Sie auch weniger oft aggressiv angegriffen oder gar „heruntergeputzt" werden.

Die Nachteile sind kurzfristig:

- Die Menschen, die bisher „auf Ihnen herumgetrampelt" sind oder die sie ausgenützt haben, merken nun, dass das nicht mehr geht.

- Sie sind vielleicht weniger beliebt.

Achtung: „Everybody's Darling is everybody's Depp."
(Franz Josef Strauß)

Wichtig: Ich erinnere Sie daran, dass es ein Weilchen dauern wird, bis andere Menschen ihr Verhalten Ihnen gegenüber geändert haben. Und weil das andere Menschen genauso ungern – wie Sie und ich – machen, müssen Sie immer mit einer aggressiven oder manipulativen Reaktion, etwa dem Erzeugen von Schuldgefühlen, rechnen.

Sie sind vielleicht auch bei einigen weniger beliebt, denn manche Menschen umgeben sich gern mit „Untertanen". Doch wenn Sie dafür von anderen geachtet und geschätzt werden, lohnt es sich „unterm Strich" für Sie, sich selbst zu behaupten.

Souveräne Selbstbehauptung

Der dritte Weg zwischen Angriff und Flucht: Sie machen aus dem Zustand der „Lähmung", der eintreten kann, wenn Sie weder fliehen noch angreifen können oder wollen, eine Methode. Hierfür wird manchmal auch der Ausdruck „verbales Aikido" verwandt – ausgehend von bestimmten Techniken dieser asiatischen Kampfsportart.

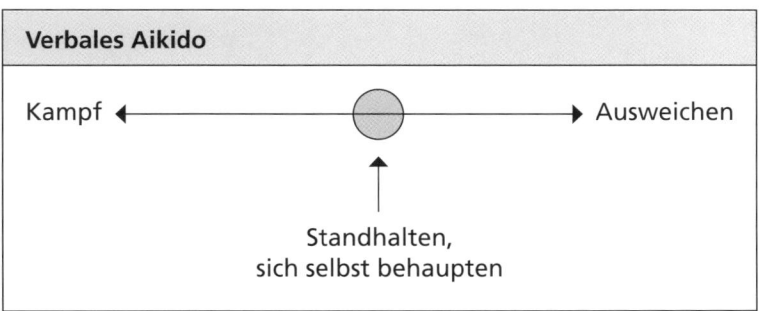

Verbales Aikido

Kampf ←————————————————→ Ausweichen

Standhalten,
sich selbst behaupten

7

Die drei klassischen Selbstbehauptungstechniken

■ Vorwurf, Angriff überhören: „Das habe ich jetzt nicht gehört."

■ Zustimmen: „Jawohl, hier bin ich empfindlich, denn …"

■ Offenlassen: „Hm, mag sein." oder: „Hm, könnte sein."

Praxis-Tipp:

Ein „Zauberwort", um sich selbst zu behaupten und um Zeit für eine souveräne Reaktion zu gewinnen, ist „Moment". Sie können es laut oder auch leise zu sich selbst sagen, um wieder die Kontrolle über sich zu gewinnen.

Selbstbehauptungsstrategien

Selbstsichere Beharrlichkeit: die Schallplatte, die einen Sprung hat

Hier eine typische Auseinandersetzung, die Sie schon in vergleichbarer Weise erlebt haben. Der Unterschied zu den üblichen Streitereien ist der, dass Sie im Prinzip immer wieder das Gleiche sagen, wie eine Schallplatte, die einen Sprung hat. Damit bekommt die andere Person keine Argumente, die sie gegebenenfalls zerpflücken könnte.

- Vorwurf: „Aber du musst doch einsehen, dass du Unrecht hast."

- Antwort: „Mag sein, doch mir geht es darum, dass die Tür repariert wird."

- Vorwurf: „Jetzt gib doch endlich nach!"

- Antwort: „Nein, ich möchte, dass die Tür repariert wird."

- Vorwurf: „Also ich versteh dich nicht, wie kann jemand nur so unvernünftig sein."

- Antwort: „Mag sein, dass es auf dich so wirkt, doch mir geht es darum, dass die Tür repariert wird."

In dieser Art und Weise fahren Sie fort, und Sie werden die Entdeckung machen, wenn Sie dabei souverän und gelassen bleiben, dass Ihr Gegenüber irgendwann entnervt auf- oder nachgibt. Zugegeben keine sehr nette Methode. Doch ist die andere Person nett zu Ihnen? Deshalb praktizieren Sie in Zukunft die Schallplatte, die den Sprung hat.

Vorteile des „Schallplattensprungs"

- Sie müssen sich nicht immer eine neue Antwort überlegen, sondern sie lediglich ein wenig anpassen.

- Sie liefern Ihrem Gegenüber keine Angriffspunkte, so dass der gegnerische Angriff irgendwann zwangsläufig verpufft.

- Sie müssen weder laut noch grob werden, sondern Sie beharren lediglich auf Ihrem Recht, Ihren Standpunkt zu vertreten.

Penetranz bringt Wirkung

„Penetranz bringt Wirkung" ist ein vergleichbares Verhalten. Jedesmal, wenn Ihr Chef Sie nervt, weil er Sie wieder einmal einem Kunden nicht vorgestellt hat, erinnern Sie ihn daran. Freundlich, aber bestimmt: „Herr S., ich erinnere Sie daran, dass ..." Sie müssen es nicht immer wie bei der Schallplatte mit Sprung mit den gleichen Worten sagen, wichtiger ist hier die Konsequenz.

Konsequenz bringt Wirkung

Denken Sie an das oben beschriebene Pendelbild: Wenn Sie es einmal gewagt haben, sich gegenüber einem Menschen, der es bisher geschafft hatte, Sie einzuschüchtern, selbst zu behaupten, müssen Sie es immer wieder tun – und zwar so lange, bis sich sein Verhalten Ihnen gegenüber geändert hat. Dann werden Sie feststellen, das Erfolgsrezept, das auch für die Kindererziehung gilt, lautet: „Konsequenz bringt Wirkung."

Praxis-Tipp:

Bleiben Sie stark, sich selbst und der anderen Person gegenüber. Es lohnt sich!

7

Ablenkungsmanöver durchschauen und stur bei der Sache bleiben

Sie sagen zu Ihrer Kollegin, weil Sie auf einen Bericht von ihr warten: „Sie machen mich ganz nervös, weil Sie mit dem Bericht immer noch nicht fertig sind." Doch statt Ihnen zu sagen, wann sie damit fertig ist, sagt sie etwas spitz: „Warum sind Sie so schlecht gelaunt, machen Sie gerade eine Diät?" Und Sie fallen darauf rein, rechtfertigen sich und machen es damit zu Ihrem Problem. Souverän wäre es, der Kollegin offen zu sagen, dass Sie ihr Ablenkungsmanöver durchschauen: „Frau M., lenken Sie bitte nicht ab. Ich brauche Ihren Bericht wirklich dringend. Wann kann ich ihn bekommen?"

Wecken Sie in anderen Menschen die Hilfsbereitschaft

Vielleicht gehören Sie zu den Menschen, die der Unterstützung anderer bedürfen, jedoch nicht „weisungsbefugt" und damit auf deren guten Willen angewiesen sind. Wenn ich vor Unterrichtsbeginn an der Hotelrezeption frage, wo das Unterrichtsmaterial sei, kann es sein, dass nur oberflächlich danach gesucht wird und ich unter Umständen zu hören bekomme, es sei noch nicht eingetroffen. Sie können sich vorstellen, wie mir dann zumute ist.

Wenn ich jedoch jetzt aggressiv reagiere, kann es sein, dass es gerade aus Trotz gar nicht oder zu spät „gefunden" wird. Bewährt hat sich in solchen Fällen die Formulierung: „Herr T., ich brauche Ihre Unterstützung" und schon schaut Sie Herr T. interessiert und geschmeichelt an: „Ja, bitte?" – und Sie erhalten die nötige Unterstützung.

„Nein"-Sagen in fünf Schritten

Gerade hilfsbereite Menschen haben oft ein Problem mit dem Nein-Sagen; sie befürchten, andere Menschen seien ihnen dann böse. Die folgenden vier Schritte führen dazu, dass Sie „Nein" sagen und sich nicht aus Rücksichtnahme wieder breit schlagen lassen, etwas zu übernehmen, was Sie nicht möchten. Der fünfte Schritt ist übrigens nur bei hartnäckigen Menschen notwendig.

- Zuhören. Interesse und Verständnis für die Bitte zeigen: „Ich verstehe Sie, dass Sie mich bitten …"

- Dann sofort „Nein" sagen, damit keine falschen Hoffnungen geweckt werden.

- Gründe angeben, um die ablehnende Haltung verständlich zu machen.

- Alternative anbieten. Damit zeigen Sie Ihre grundsätzliche Hilfsbereitschaft.

- Anderes Thema anschneiden: „Frau S., wie geht's denn …"

Praxis-Tipp:

Ich empfehle Ihnen, sich die folgenden Stichworte zur Erinnerung auf eine kleine Karte zu schreiben und in Ihrem Schreibtisch zu deponieren, damit Sie sie sofort griffbereit haben oder merken Sie sich das Acronym, das sich aus den Anfangsbuchstaben der Worte ergibt: ANGAA

- Aufmerksam zuhören, dann sofort
- „Nein" sagen
- Grund anführen
- Alternative aufzeigen
- Anderes Thema anschneiden

Wichtig: Vorsicht bei Begründungen für das Nein! Begründen Sie Ihr „Nein" nur, wenn es Ihnen notwendig erscheint. Mit einer Begründung geben Sie der anderen Person die Möglichkeit, Ihren Grund oder Ihr Argument zu „zerpflücken". Antworten Sie etwa auf die Frage „Warum geht es denn nicht?" mit „Vermutlich würde Sie kein Grund überzeugen, deshalb bitte ich Sie, meine Entscheidung zu akzeptieren." Oder vielleicht noch geschickter, ohne zu argumentieren: „Was wäre denn für Sie ein guter Grund?" Wenn Ihr Gegenüber darauf eingeht und ihn nennt, übernehmen Sie ihn, denn damit muss er zwangsläufig von der anderen Person akzeptiert werden.

Strategie für den beruflichen Alltag

Eine empfehlenswerte Strategie, vor allem im beruflichen Alltag: Sagen Sie „Ja", obwohl Sie „Nein" meinen. Vielleicht haben Sie auch die Erfahrung gemacht, dass es manchmal unklug ist, „Nein" zu sagen. Etwa, wenn Ihr Chef Sie kurz vor Feierabend bittet, noch schnell in der zehn Minuten weit entfernten Produktionshalle nachzuschauen, ob die Teile fertig sind, da dort niemand mehr ans Telefon geht. Dann empfiehlt es sich, eine Verhandlung daraus zu machen: „Ja, ich erledige das, wenn ich …" – und dann nennen Sie Ihre Bedingung, etwa morgen früh etwas später kommen zu dürfen. Vielleicht schaut der Chef dann doch lieber selber nach oder Sie dürfen tatsächlich morgen mit gutem Gewissen später kommen!

Selbstbehauptung und Grenzen setzen

Wichtig: Wenn Ihnen gegenüber „Nein" gesagt wird und Sie würden gern den Grund wissen, fragen Sie nicht: „Warum können Sie das nicht machen?", sondern fragen Sie besser: „Was ist der Grund Ihrer Ablehnung?" Oder: „Damit ich Sie besser verstehe, würden Sie mir bitte den Grund nennen, der zur Ihrer Entscheidung führte?"

Selbstbehauptung durch bestimmte Verhaltensweisen und Formulierungen

Sie wollen einen Radiowecker umtauschen, haben jedoch keinen Kassenzettel mehr. Was wird Ihnen gesagt? „Da könnte ja jeder kommen." Wie reagieren Sie? Meist aggressiv: „Ich bin aber nicht jeder." Besser ist es, der Verkäuferin Recht zu geben: „Stimmt, es könnte jeder kommen und behaupten, er hätte das bei Ihnen gekauft. Nur, es kommt nicht jeder und deshalb meine ich, Sie können mir ruhig vertrauen und den Wecker umtauschen." Ich bin sicher, wenn Sie so reagieren, wird Ihnen die Ware umgetauscht werden und falls nicht, verlangen Sie mit dem Chef oder der Chefin der Verkäuferin zu sprechen.

Umgang mit Unterbrechungen

Unterbrechungen sind in Gesprächen eine „normale" Erscheinung und wenn es nicht zu häufig passiert, sollten Sie nicht gleich einen „stieren" Blick bekommen. Unterbrechungen können sogar positiv sein, wenn sie die Person, die gerade spricht, in dem, was sie sagt, bestärken.

Beispiel:

Nehmen wir an, Sie erzählen Ihrem Freund, Sie hätten neulich Ihren Tankdeckel auf der Ablage neben der Tanksäule liegen gelassen. Wenn er Sie jetzt kurz unterbricht mit: „Du, genau das Gleiche ist mir neulich auch passiert." und Sie dann weiterreden lässt, ist das eher ein Beweis des Zuhörens, Mitfühlens und Mitdenkens als eine Störung. Wenn Ihr Freund Sie allerdings mit den Worten beim Erzählen Ihres Erlebnisses unterbricht: „Du sag' mal, wie spät ist es eigentlich?", ist das unhöflich und ein deutliches Zeichen, dass ihn das, was Sie erlebt haben, nicht interessiert. Wenn Sie jetzt jedoch mit dem trotzigen und pampigen Kind-Ich antworten: „Darf ich mal zu Ende sprechen?", wäre das ebenso falsch, wie: „Jetzt lass' mich doch mal ausreden!"

Das Zauberwort, um beim Abwehren von Unterbrechungen den richtigen Einstieg zu bekommen, ist „Moment", und wenn Sie dann noch den Namen anfügen, weiß die andere Person, Sie meinen es ernst. Zu „Moment" gibt es eine vergleichbare Äußerung, die ebenfalls hilft, Unterbrechungen abzuwehren, nämlich „Augenblick, bitte!"

- „Moment, Herr S., noch eine Minute."

- „Augenblick, bitte, ich komme gleich zum Schluss."

- „Moment, Frau H., ich bin gleich fertig."

- „Moment, Herr S., ich möchte meinen Gedanken noch zu Ende führen."

- „Augenblick, Peter, lass mich bitte ausreden."

7

Praxis-Tipp:

Wenn Sie Ihre Worte noch mit einer abwehrenden Handbewegung unterstreichen, werden Sie solchen Unterbrechungen noch wirkungsvoller begegnen. Bei höflichen Menschen genügt sogar oft die abwehrende Handbewegung, um sie vom Unterbrechen abzuhalten. Bei „Trampeltieren" ist manchmal eine andere Taktik angesagt: einfach weiterreden.

Angenommen, Sie wollen die häufigen Unterbrechungen seitens eines älteren Kollegen zukünftig unterbinden. Sprechen Sie Ihren Kollegen nach der Besprechung unter vier Augen etwa in folgender Weise darauf an: „Herr Schneider, ich achte und schätze Sie als erfahrenen Kollegen. Ich weiß, dass Sie manches wissen, was ich mir erst noch erarbeiten muss. Trotzdem ärgert es mich, wenn Sie mich – wie in der letzten Besprechung – fünfmal unterbrechen. Ich schlage deshalb vor, dass Sie, auch wenn es Ihnen schwerfallen sollte und Sie es vielleicht sogar gut mit mir meinen, auf Unterbrechungen verzichten, und mir hinterher sagen, was ich anders oder besser machen hätte können. Wäre Ihnen das möglich?"

Selbstbehauptungsübung: Kritik üben

Am besten machen Sie die Übung zu zweit und versuchen, die Techniken, die Sie bisher gelernt haben, gezielt anzuwenden:

- Ihrer Schwiegermutter erklären, sie soll, statt wie von ihr geplant 14 Tage, nur drei Tage zu Besuch bleiben.

- Einen lieben Kollegen, der Sie von der Arbeit abhält, abwimmeln.

- Sie wollen einen Pullover zurückgeben, haben aber keinen Kassenzettel mehr.

- Die Leute hinter Ihnen im Kino tuscheln und kichern andauernd.

- Sie wollen bei Ihrer Leistungsbeurteilung einen Punkt geändert haben.

- Ihr Freund hält sich nicht an die gemeinsam beschlossene Regel, einmal pro Woche mit Ihnen zu joggen.

- Einen empfindlichen Kunden auf Bedienungsfehler hinweisen.

Taten, wenn Worte nichts nützen

Wenn Worte nichts nützen, müssen Taten folgen. An einer Kollegin wegen jeder Kleinigkeit, die Sie nervt, herumzumeckern, bringt Ihnen nur den Ruf ein, Sie seien eine Meckerziege oder ein penetranter Nörgler.

Also verfahren Sie besser nach dem Grundsatz: „Mit einem Sandkorn kann man niemanden erschlagen, aber mit einem Sack voll Sand", das heißt, Sie sammeln Material, bis es sich lohnt, deswegen ein Gespräch zu führen oder andere Maßnahmen zu ergreifen. Zugegeben, dieses Sammeln wirkt ein wenig hinterhältig, deshalb ist es fairer, der Kollegin zu sagen, dass Sie von nun an alles, was Sie nervt, aufschreiben.

Manchmal sind sich Menschen auch gar nicht bewusst, was sie durch ihr Verhalten anrichten. Deshalb lohnt es sich, in solchen Fällen nach dem Grundsatz zu verfahren: Zeigen statt Sagen. Führen Sie den Mitarbeiter ins Lager und zeigen Sie ihm, was für Auswirkungen es hatte, dass er statt 1000 Rollen Toilettenpapier 10.000 bestellt hatte: Jetzt ist nämlich der Lagerraum zur Hälfte mit Toilettenpapier gefüllt.

Beispiel:

Unlängst in einem Seminar beklagte sich eine Mitarbeiterin aus der Telefonzentrale, sie hätte schon alles versucht, um zu erreichen, dass sich die Mitarbeiter bei ihr abmelden, wenn sie aus dem Haus gehen, damit sie nicht unnötig versucht zu verbinden und eine genaue Auskunft über den Mitarbeiter geben kann. Auf die Frage, was sie schon alles versucht hätte, sagte sie, sie hätte gejammert und gebettelt, dass man ihr diese Informationen geben möge. Kein Wunder, dass sie immer nur kurzfristig etwas erreicht hatte. Sie hatte sich jedoch noch nie mit ihrer Kollegin zusammengetan, um gemeinsam diese Forderung durchzusetzen.

7

Es ist eine sinnvolle Selbstbehauptungsstrategie, sich mit anderen zusammenzutun, um Änderungen zu erreichen.

Manche Menschen lassen sich durch Zahlen mehr als durch Worte beeinflussen. Anstatt Ihrem Chef in den Ohren zu liegen, sie bräuchten unbedingt einen neuen Drucker, erstellen Sie eine Kosten-Nutzen-Analyse und Sie werden erstaunt sein, wie wenig Worte Sie brauchen, wenn aus Ihren Zahlen hervorgeht, dass sich ein neuer Drucker dank der eingesparten Arbeitszeit sehr schnell amortisiert.

Fragen gekonnt beantworten

8

Warum Fragen grundsätzlich positiv sind

Scherzhaft zu verstehen: „Was macht man mit einer Frage? Man lässt sie auftauchen und stellt sie zunächst in den Raum. Sobald sie da steht, dreht und wendet man sie, betrachtet sie von allen Seiten, diskutiert sie, stellt sie infrage und klammert sie erst einmal aus, ohne sie zu vertiefen. Wahlweise kann man sie auch auf Eis legen, gründlich prüfen oder zurückstellen, um sie dann zu gegebener Zeit wieder hervorzuholen und bevorzugt zu behandeln, allerdings ohne sie zu beantworten."

Fragen zeigen, dass die Hörer an Ihrem Thema interessiert sind. Fragen geben Ihnen die Chance, die Punkte, die vielleicht in Ihrem Vortrag unklar waren oder zu kurz kamen, näher zu erläutern.

Fragen zeigen Ihnen, dass Sie für Ihr Publikum eine Autorität darstellen, denn man fragt in der Regel nur jemanden, von dem man sich eine vernünftige Antwort erhofft.

Fragen sind eine gute Gelegenheit, zu zeigen, dass Sie über das hinaus, was Sie im Vortrag sagen, Bescheid wissen.

Achtung: Niemand – außer Ihnen – erwartet, dass Sie eine Frage „wie aus der Pistole geschossen" beantworten. Deshalb „erst denken, dann reden".

8

Wann Sie Fragen zulassen sollten

Grundsätzlich immer, denn Sie sind für die Hörer da und deshalb verpflichtet, alles zu tun, damit die Hörer Ihrem Vortrag folgen können. Sie bestimmen jedoch, wann Sie sie beantworten!

Wenn die Fragen drohen, Ihren Vortrag zu zerreißen, bitten Sie den Hörerkreis, sich die Fragen und Anmerkungen zu notieren, erstens, damit sie nicht vergessen werden, zweitens damit Sie innerhalb des vorgesehenen Zeitrahmens fertig werden. Kündigen Sie jedoch gleich an, wie lange Sie vermutlich noch für Ihren Vortrag brauchen werden und halten Sie unbedingt diese Zeit ein! Nennen Sie einen zumutbaren Zeitraum, das heißt maximal zehn Minuten: „Meine Damen und Herren, ich benötige jetzt noch ca. acht Minuten, um das Projekt im Zusammenhang vorzustellen. Ich schlage vor, dass Sie bis dahin Ihre Fragen zurückstellen beziehungsweise sich eine kurze Notiz machen. Sind Sie damit einverstanden?" Es ist wichtig, den Hörerkreis um Zustimmung zu bitten, damit Sie auf die Einhaltung dieser Vereinbarung hinweisen können, wenn trotzdem eine Frage gestellt wird. Sie brauchen jedoch nicht darüber abzustimmen. Im Allgemeinen gilt in solchen Situationen die Regel: „Kein Widerspruch, somit beschlossen."

Praxis-Tipp:

Wenn Sie mehr Zeit bis zur Beendigung Ihres Vortrags benötigen, schalten Sie eine „Frage-Antwort-Runde" ein, die Sie auf maximal zehn Minuten begrenzen. Während dieser Zeit können Sie Fragen, die Sie erst später beantworten wollen, auf dem Flip-Chart notieren.

Achtung: Leider neigen besonders Redeanfänger dazu, darum zu bitten, Fragen bis ans Ende des Vortrags zurückzustellen. Verkneifen Sie sich das, zumal Sie sich damit als „Nicht-Profi" entlarven. Als Profi wissen Sie, dass Fragen Ihren Vortrag bereichern und das Zuhören dank einer solchen Unterbrechung abwechslungsreich machen. Vielleicht haben Sie als Hörer oder Hörerin außerdem schon festgestellt, dass eine nicht gestellte Frage Sie manchmal vom weiteren Zuhören ablenkt. Lassen Sie deshalb Fragen, die zum Verständnis Ihres Vortrags notwendig sind, auf jeden Fall zu.

8

Wie Sie auf aggressive Fragen am besten reagieren

Selbst wenn Fragen grundsätzlich positiv zu werten sind, bei aggressiv gestellten, geschlossenen Fragen kann einem schon mal der kalte Schweiß ausbrechen.

Versuchen Sie in solchen Situationen, Zeit zu gewinnen. Denn: „Wer zuletzt lacht, lacht am besten!"

Weiter gilt die altbekannte Regel: „Erst bis zehn zählen und dann reagieren." Denn mit der erstbesten Antwort, die Ihnen spontan einfällt, verschärfen Sie zumeist den Konflikt. Deshalb den Ablauf verzögern, damit Sie ihn unter Kontrolle bekommen. Das kann auch bedeuten, in manchen Situationen betont langsam zu reden.

Fragen gekonnt beantworten

Vergleichen Sie es mit dem Autofahren: Wenn Sie sich dabei hetzen lassen, fahren Sie unüberlegt, überholen vielleicht riskant und produzieren möglicherweise sogar einen Blechschaden. Das muss nicht sein. Deshalb lassen Sie sich von niemandem unter Druck setzen.

Mit einer Geste und mit leisem Tonfall abschwächen

Auch der Ausspruch „Immer mit der Ruhe", begleitet von einer abschwächenden Geste, kann bei Ihnen und den anderen zu mehr Gelassenheit führen.

Für den Tonfall bedeutet das, intensiver, betont ruhig und langsam sprechen, damit Sie sich besser unter Kontrolle haben, aber auch, um mit dieser Art die andere Person zu beruhigen.

Um Ihnen eine Vorstellung davon zu geben, was damit gemeint ist, erinnere ich Sie an die Empfehlung, sich vorzustellen, Sie würden in einem Lokal den Gast am Nachbartisch fragen: „Könnte ich bitte Salz und Pfeffer haben?" Sie können diesen Tonfall üben, indem Sie zuerst diesen Satz sagen und gleich danach einen anderen Satz: „Könnten Sie mir bitte sagen, was Sie mit dieser Frage erreichen wollen?" Oder: „Woraus schließen Sie, dass ich auf diesem Gebiet keine Ahnung habe?"

8

Praxis-Tipp:

Wenn Sie die Situation entschärfen wollen: Aggressive Fragen niemals aggressiv beantworten, das heißt nie sprachlich auf dem meist niedrigen Niveau und mit der gleichen Lautstärke zurückschlagen.

Achtung: Wenn Sie sich der Situation gewachsen fühlen, lauert trotzdem eine große Gefahr, nämlich mit Ironie zu kontern.

Schlagfertige Menschen leben sehr gefährlich. Ihre spitze Zunge ist meist gefürchtet. Es reicht bereits die Bemerkung: „Ihre Zwischenfragen waren auch schon mal intelligenter." Oder: „Ich liebe es, wie Sie die Worte aneinanderreihen." Vielleicht verzieht der Betroffene sogar im Moment sein Gesicht zu einem Lächeln. Doch hinterher schwört er Ihnen Rache – nach dem Motto: „Nützen kann ich Ihnen nicht, aber schaden ungeheuer."

22 Antworttechniken auf aggressive Fragen

1. Technik: Verbale Puffer

Um Zeit zu gewinnen, benötigen Sie gewisse verbale Puffer.

- „Puffer" sind Formulierungen oder Wörter, die fast automatisch kommen, ohne dass Sie viel nachdenken müssen.

- Manchmal genügt bereits ein einziges Wort, damit Sie in der Lage sind, sich von einer überraschenden oder aggressiven Frage zu erholen.

- Mein Zauberwort heißt hier: „Moment mal". Damit schalte ich automatisch meinen Verstand ein und bin in der Lage, angemessen und souverän zu reagieren.

   Vorwurf: „Wer hat Ihnen denn das erzählt?"

   Antwort: „Moment mal, Frau S."

- Ein anderes Zauberwort, das Sie allerdings nur denken und nicht aussprechen, heißt: „Interessant." Damit gewinnen Sie Abstand zu dem verbalen Angriff und kommen nicht in Versuchung, spontan und unüberlegt zu antworten.

   Vorwurf: „Warum fehlen in Ihrer Untersuchung eigentlich die neuesten Forschungsergebnisse aus den USA?"

   Sie denken: „Interessante Frage. Ja, warum habe ich sie nicht mit einbezogen?" und dann begründen Sie dies laut.

2. Technik: Mit Namen ansprechen

Den Namen herausfinden: „Bevor ich Ihre Frage beantworte: Wie ist Ihr Name?" Wenn Sie eine Person mit dem Namen ansprechen, bewirkt das dreierlei: Zum einen fühlt sich die Person ernst genommen und vielleicht auch ein wenig geschmeichelt. Zweitens gewinnen Sie Zeit und drittens: Es wirkt auf diese Person disziplinierend, weil sie dadurch aus der Anonymität herausgeholt wird.

3. Technik: Fragen sammeln

Fragen sammeln, bevor Sie sie beantworten. Das gibt Ihnen nicht nur Zeit zum Überlegen, Sie haben außerdem die Freiheit, Ihre Antworten zu gewichten. Nutzen Sie jedoch das Bündeln von Fra-

8

gen nicht aus, um bei den Antworten Fragen zu unterschlagen. Das fällt zumindest der fragenden Person auf und Sie verlieren an Glaubwürdigkeit.

4. Technik: Sich Zeit zum Überlegen nehmen

Das ist kein Zeichen von Schwäche, sondern von Souveränität: Niemand kann Sie zwingen, spontan zu antworten. Deshalb schweigen Sie zuerst einmal, wenn Sie etwas gefragt werden und schauen Sie den Frager dabei interessiert prüfend an. Angenommen ein Verkäufer fragt Sie: „Sind Sie mit unserem Angebot einverstanden?" Antwort: „Hmmm" und dann sind Sie erst einmal ruhig. Übrigens ist diese Taktik auch geeignet, um für sich einen günstigeren Preis oder günstigere Konditionen zu bekommen. Denn der Verkäufer will verkaufen und mit Schweigen machen Sie ihn „mürbe".

Andere Situation: Ihr Chef will sofort eine Aussage darüber von Ihnen, wie das neue Produkt am Markt ankommt. Ihre Antwort: „Herr T., ich beantworte Ihre Frage gern. Doch bekomme ich die neuesten Statistiken erst morgen." Wenn der andere auf einer sofortigen Antwort besteht, geben Sie sie ihm „unter Vorbehalt".

5. Technik: Gegenfrage stellen

8

Sie werden gefragt: „Woher haben Sie denn überhaupt Ihre Erkenntnisse?"

Ihre Antwort: „Herr T., bevor ich Ihre Frage beantworte, interessiert mich noch, welche Erkenntnisse Sie gerade konkret ansprechen?"

Achtung: Manchmal impliziert eine Gegenfrage, dass man den Sachverhalt selbst zugibt!

Beispiel:

Ein Kollege von mir wurde einmal beschuldigt, vertrauliche Informationen über Stellenabbaumaßnahmen im Unternehmen an die Konkurrenz weitergegeben zu haben. Als er konterte: „Wann soll denn das gewesen sein?", schloss der andere daraus, dass er sie wohl weitergegeben hatte, weil er den Vorwurf als solchen nicht bestritt.

Vorteile der Gegenfragestrategie

- Sie reagieren nicht nur, sondern Sie agieren.
- Es wirkt selbstbewusst und souverän.

Nachteile

- Es wirkt auf die andere Person manchmal frech.
- Unter Umständen geben Sie einen Sachverhalt damit indirekt zu.

6. Technik: Frage zurückgeben oder weitergeben

Manchmal ist es auch möglich, die Frage an den Frager oder die Fragerin zurückzugeben. Besonders bei wissenschaftlichen Vorträgen werden gern „Testfragen" gestellt. Das sind Fragen, die die betreffende Person selbst am besten beantworten kann. Und nun will sie prüfen, ob Sie diese Frage auch beantworten können, zum Beispiel „Hegel hat sich in seiner Geschichtsphilosophie aber ganz anders geäußert, als Sie gerade behauptet haben."

Diese Technik können Sie entlarven, indem Sie entgegnen: „Herr S., soweit ich informiert bin, haben Sie über dieses Thema promoviert. Vielleicht sind Sie so freundlich und sagen uns kurz, was Hegel dort geschrieben hat."

Manchmal können Sie die Frage auch ans Publikum weitergeben, wenn Sie sich der allgemeinen Zustimmung sicher sind, zum Beispiel: „Kennen Sie überhaupt die Probleme in unserer Gemeinde?" – „Meine Damen und Herren, was ist Ihr Eindruck?"

Wenn Sie jetzt jemanden, der Ihnen wohl gesonnen ist, anschauen, wird er oder sie für Sie antworten: „Ich finde, dass Frau ... hervorragend über die Probleme unserer Gemeinde informiert ist."

7. Technik: Frage wiederholen und Gegenfrage anschließen

„Wann hat Einstein seine Relativitätstheorie entwickelt?"

„Habe ich Sie richtig verstanden, Sie fragen mich nach dem Zeitpunkt seiner Entdeckung?"

8

Fragen gekonnt beantworten

Wichtig ist, die Frage ohne den aggressiven Unterton wiederzugeben. Wenn Sie dann anschließend eine Frage mit „oder" stellen, gewinnen Sie noch mehr Zeit: „Genügt Ihnen eine ungefähre Angabe oder wollen Sie den exakten Zeitpunkt wissen?"

Jetzt muss die andere Person erst einmal antworten und Sie haben Zeit, sich zu überlegen, wie Sie weiter verfahren, falls Sie keine der beiden Fragen beantworten können.

8. Technik: Die Frage selbst würdigen

Sie gewinnen Zeit durch die Würdigung der Frage als solche, das heißt, Sie beschäftigen sich zuerst einmal mit der Frage und zwar so lange, bis Ihnen eine passende Antwort einfällt.

„Hat unsere Landwirtschaft im internationalen Wettbewerb überhaupt eine Chance?"

„Das ist eine sehr wichtige Frage. Nicht nur Sie stellen sie. Gerade gestern las ich zu diesem Thema einen Artikel in der Zeitung ..."

Natürlich könnten Sie jetzt fortfahren und den Inhalt des Artikels wiedergeben und schließlich der Antwort ausweichen. Doch sollten Sie das Ausweichen äußerst selten benutzen. Warum? Sie selbst wissen, wie wenig Sie Menschen schätzen, die sich dieser Technik bedienen, besonders wenn dann noch gesagt wird: „Ich will Ihrer Frage ja keineswegs ausweichen, aber zuerst muss ich dazu einige grundsätzliche Dinge ausführen, denn ..." – und dann wird meist ausgewichen!

9. Technik: Die eigene Aussage wiederholen, bevor Sie antworten

„Ich betone noch einmal, dass ich der Meinung bin, wir können auf Studiengebühren nicht verzichten …"

10. Technik: Gegenangriff starten

„Frau M., wenn Ihnen mein Vorschlag nicht gefällt, dann schlage ich vor, dass Sie einen eigenen Vorschlag bringen."

11. Technik: Gegenangriff (persönlich)

„Herr K., ich mache Sie darauf aufmerksam, dass Sie mit dieser Frage vom Thema ablenken, denn ..."

12. Technik: Tai-Chi-Technik oder der anderen Person die Worte im Munde herumdrehen

Aussage der anderen Person: „Mit dieser Maßnahme werden die Raucher diskriminiert."

Ihre Reaktion: „Genau und deshalb werden mehr das Rauchen aufgeben."

13. Technik: Sie müssen nicht jede Frage beantworten

„Hm. Vielen Dank. Haben wir noch weitere Fragen?"

Meist reagiert man nämlich wie ein Automat. Jemand stellt eine Frage, die sofort beantwortet wird. Das ist jedoch nicht zwingend notwendig. Kein Mensch kann Sie dazu zwingen. Wenn Sie tatsächlich eine Frage nicht beantworten wollen, können Sie dies auch offen sagen, denn Sie haben dafür Ihre Gründe.

„Sie sind für eine Freigabe von Haschisch? Haben Sie denn überhaupt schon mal Haschisch geraucht?"

„Ich verstehe Sie, dass Sie mir als Bürgermeisterkandidatin diese Frage stellen. Es geht hier jedoch nicht darum, ob ich persönliche Erfahrungen mit Haschisch habe oder nicht, sondern darum, dass ich mir von einer Freigabe von Haschisch einen erheblichen Rückgang der Beschaffungskriminalität erhoffe. Und das ist etwas, was allen Bürgern und Bürgerinnen zugute kommt."

Besonders gut kommt bei der fragenden Person an, wenn Sie erst einmal Verständnis für die Frage äußern, selbst wenn Sie sie dann nicht beantworten.

14. Technik: Zugeständnisse machen

„Was diesen Aspekt anbelangt, stimme ich Ihnen zu, dennoch ..."

Mit dieser Technik nehmen Sie Aggressionen aus der Diskussion. Selbst wenn es nur ein kleiner Aspekt sein sollte, signalisiert es doch Ihren guten Willen. Und irgendetwas gibt es sicher, dem Sie zustimmen können!

15. Technik: Relativieren

„Warum wollen Sie so viel Geld für eine Fußgänger-Ampelanlage in unserer Gemeinde ausgeben, wo wir sowieso nur Schulden im Haushalt haben?"

Ihre Antwort: „Aus Ihrer Sicht mag das viel Geld sein, wenn wir jedoch daran denken, dass …"

Ich erinnere Sie an das Modell der „Fey-Tasse", nach der wirklich jede Person aus ihrer Perspektive recht hat. Legen Sie Wert darauf, auf Ihre Sicht der Dinge zu verweisen und dass Ihre Sicht als gleichwertig betrachtet wird. Das Relativieren kommt auch in Betracht, wenn jemand pauschal fragt: „Wieso lehnen Sie alle Vorschläge ab?"

Ihre Antwort: „Moment, Herr W., es stimmt, dass ich keinem Vorschlag, so wie sie jetzt formuliert sind, zustimme. Ich kann mir jedoch gut vorstellen, dass ich mit dem Vorschlag von Herrn K., wenn er entsprechend geändert wird, einverstanden bin."

16. Technik: Auf die eigene Position zurückziehen

Die eigene Position kann Ihnen niemand – wie Sie von der „Fey-Tasse" her wissen – streitig machen.

8

„Als Mutter/Vater von drei Kindern sage ich Ihnen, …"

„Als Ingenieur sage ich Ihnen, …"

„Als Mensch, der noch die Maueröffnung in Berlin miterlebt hat, sage ich Ihnen, …"

17. Technik: Sie geben zu, die Antwort nicht parat zu haben

Vielleicht können Sie eine Frage auch nicht beantworten, obwohl Sie es gern tun würden. Die einfachste Möglichkeit wäre, dies zuzugeben:

Frage: „Wie viele Schulleiterinnen gibt es in Baden-Württemberg?"

Antwort: „Das weiß ich nicht."

Doch ist das eine gute Möglichkeit? Nein, besser ist es zu antworten:

„Da bin ich im Moment überfragt. Doch wenn Sie mir Ihre Telefonnummer geben, schaue ich nach und rufe Sie dann an."

18. Technik: Konkret gestellte Frage allgemein beantworten und umgekehrt

Antwort: „In Leipzig mag das so gewesen sein, ausgehend von der Theorie des Sozialismus, jedoch ..." oder umgekehrt:

„Ausgehend von der Theorie des Sozialismus mag das so sein, in Leipzig war es jedoch so, dass ..."

19. Technik: Frage überhören

Das funktioniert natürlich nur, wenn die Frage nicht besonders laut und deutlich gestellt wurde. Eine Frage bewusst zu überhören, ist vielleicht nicht sehr nett, doch wer kann Ihnen nachweisen, dass Sie eine Frage gehört haben, wenn es im Raum relativ unruhig war und Sie sich gerade mit jemand anders beschäftigt haben. Die Anwendung dieser Technik ist auf jeden Fall besser, als eine unkluge Antwort zu geben, denn wenn die Frage ein zweites Mal gestellt werden sollte, kann sie Sie nicht mehr so erschrecken!

8

Falls nachgehakt wird, ist es sinnvoll, sich dafür zu entschuldigen: „Ich bedaure, dass ich Ihre Frage vorhin überhört habe, Sie bestreiten also ..."

20. Technik: Reagieren Sie anders als erwartet

Mit dieser Technik verblüffen Sie Ihr Gegenüber, das natürlich erwartet hat, dass Sie auf die Provokation eingehen und sich lang und breit rechtfertigen. Oder: Oft ist ein kurzes, knappes „Ja" oder „Nein" etwas, womit die andere Person nicht rechnet.

„Können Sie überhaupt beweisen, dass Ozon Krebs hervorruft?"

„Nein."

„Trotzdem sollen wir Ihren Aussagen vertrauen und unsere Kinder über Mittag nicht nach draußen in die Sonne lassen?"

„Ja!"

Und dann schweigen Sie.

21. Technik: Auf etwas antworten, was gar nicht gefragt wurde

Selbst wenn Sie gar nicht beabsichtigen, diese Technik anzuwenden, werden Sie feststellen, dass man manchmal nicht genau weiß, was gerade gefragt wurde und dann trotzdem antwortet. In solchen Fällen wäre es natürlich sinnvoll zu wiederholen, was Sie verstanden haben, um zu prüfen, ob Sie die Frage korrekt wiedergegeben haben.

Doch selbst wenn Sie diese Technik bewusst angewandt haben, fällt es schwer, Ihnen nachzuweisen, dass Sie sie richtig verstanden haben müssten. Auch hier gilt, wenn die Frage noch einmal gestellt wird, entschuldigen Sie sich zuerst, wiederholen die Frage, um Missverständnisse auszuschließen – und antworten dann.

22. Technik: Fragende Person loben

Mit dieser Technik „liegen Sie immer richtig", denn wer von uns wird schon genug gelobt? Bedenken Sie auch, dass sich die fragende Person einem gewissen Risiko aussetzt. Denn es könnte ja passieren, dass sie vom Vortragenden als dumm hingestellt wird, etwa mit der Antwort: „Das Thema habe ich vorhin schon abgeschlossen." Oder noch schlimmer: „Wir sind doch hier nicht in der Grundschule!" Da wirkt es doch viel besser, wenn Sie antworten: „Diese Frage von Ihnen zeigt, dass Sie sich schon intensiv mit der Problematik auseinandergesetzt haben."

Praxis-Tipp:

Reagieren Sie immer ernst, egal, wie dumm Sie die Frage finden. Selbst wenn der ganze Saal gröhlt, bleiben Sie souverän und lassen sich auf keinen Fall verleiten, Witze auf Kosten der fragenden Person zu machen oder sie gar als dumm hinzustellen.

Typische Fragesituationen bei Vorträgen

Persönliche Fragen, die Sie nicht beantworten wollen

„Sind Sie verheiratet?" Mit Gegenfrage antworten: „In welcher Beziehung steht diese Frage zu meinem Thema?"

Wenn Ihnen die Antwort einleuchtet, sollten Sie die ursprüngliche Frage beantworten, wenn nicht, wird der Frager gegenüber den anderen Zuhörern als neugieriger Mensch dastehen und Sie werden Verständnis für Ihr Schweigen erhalten.

oder:

„Warum lassen Sie sich nicht scheiden?"

Ihre Reaktion: „Vielen Dank für Ihre Frage, ich beantworte Sie Ihnen nach dem Vortrag persönlich."

Die Frage scheint nur von begrenztem Interesse zu sein

Im Rahmen eines Vortrags über Immobilienfonds wird danach gefragt, ob es sinnvoll sei, gegenwärtig in Telekom-Aktien zu investieren.

Sie könnten so reagieren: „Es wird danach gefragt, ob man gegenwärtig Telekom-Aktien kaufen soll. Bevor ich dazu Stellung nehme: Wen interessiert diese Frage außer Ihnen noch?"

Wenn es nur wenige sind, verweisen Sie darauf, dass Sie gern am Ende der Veranstaltung dazu Stellung nehmen.

Bei vermeintlich „dummen" Fragen

Frager auf jeden Fall ernst nehmen und mit einer Rückfrage reagieren:

„Es interessiert mich, warum Sie diese Frage stellen."

„Können Sie die Frage näher erläutern?"

Fragen Sie den Hörerkreis, ob Interesse an der Beantwortung besteht!

Umständlich formulierte Frage

Wiederholen Sie kurz und knapp, was Sie verstanden haben: „Verstehe ich Sie richtig, Sie fragen mich ..."

8

Übung: Fragestrategien

Nachdem Sie jetzt eine Reihe von Antwortmöglichkeiten kennengelernt haben, kommt es darauf an, diese zu üben. Bitte lassen Sie sich die folgenden Fragen von einer anderen Person stellen und probieren Sie einfach aus Spaß ganz gezielt – nacheinander – die unterschiedlichsten Antworttechniken aus:

Mögliche Fragen

Wichtig ist, dass diese Fragen so gestellt sind, dass der Befragte sie normalerweise sofort als unwahr abwehren beziehungsweise aggressiv oder belustigt reagieren würde.

- Warum trinken Sie jeden Abend drei Flaschen Bier?

- Warum bügeln Sie Ihre Hose nicht selbst?

- Warum essen Sie täglich Schweinefleisch?

- Warum lieben Sie Ihre Frau/Ihren Mann?

- Warum hassen Sie Ausländer?

- Warum schikanieren Sie Ihre Kinder?

- Warum stellen Sie keine Frauen ein?

- Warum haben Sie keine Kinder?

- Warum hassen Sie Männer mit Haaren auf der Brust?

Mit Pleiten, Pech und Pannen bei Vorträgen richtig umgehen

Gelassenheit ist hierbei erforderlich. Denn wenn Sie die Nerven verlieren, können Sie nicht souverän und gelassen damit umgehen. Atmen Sie bei einer Panne erst einmal tief aus und sagen zu sich selbst: „Immer mit der Ruhe." Manchmal ist Kreativität erforderlich und die fehlt Ihnen, wenn Sie sich zu einer unüberlegten Reaktion hinreißen lassen.

Ich habe schon oft die Erfahrung gemacht, dass das Publikum es einem nicht übel nimmt, wenn man offensichtlich alles macht, um die Störung zu beheben. Hier ist Ihr Improvisationstalent gefragt.

Ganz wichtig dabei ist, die Hörer ebenfalls in die Problemlösung mit einzubeziehen, sich jedoch nicht die Entscheidungen aus der Hand nehmen zu lassen.

Beispiel:

Eine Kollegin hatte erlebt, dass das Hotelpersonal mit der Klimaanlage nicht klar kam. Deshalb war es eine Stunde nach Seminarbeginn noch immer bitterkalt. Kurzerhand organisierte sie Decken und kostenlosen heißen Tee, und das Seminar wurde trotz oder vielleicht gerade wegen dieser Panne ein großer Erfolg.

Wichtig: Seminare mit Pannen, die Sie nicht zu verantworten haben, sind oftmals Seminare, in denen man sich menschlich näher kommt und die in einer besonders offenen und herzlichen Atmosphäre ablaufen. Also keine Angst vor Pannen!

Beispiel:

Bei einem eintägigen Seminar war ich einmal in sehr schlechter körperlicher Verfassung und dementsprechend unkonzentriert. Ich brachte es fertig, nicht nur die Folien durcheinander zu bringen, sondern auch meine Spickzettel, die bei einer eintägigen Veranstaltung entsprechend umfangreich waren. Ich machte eine fünfminütige Pause und bat einen Teilnehmer, mir beim Zusammenstellen der Unterlagen zu helfen. Alle grinsten, aber gegen eine kurze Pause hat in der Regel niemand etwas einzuwenden.

8

Achtung: Wenn Sie keine Pause machen wollen, vielleicht weil Sie gerade vor fünf Minuten eine hatten, ist es immer ganz geschickt, wenn Sie die Anwesenden mit Kleingruppenarbeit beschäftigen, die Teilnehmer sollen sich beispielsweise überlegen, was ihnen bis jetzt das Wichtigste war oder was sie noch von Ihrem Vortrag erwarten.

Fragen gekonnt beantworten

Nachbarn, die während Ihres Vortrags ziemlich laut miteinander tuscheln

Sobald andere, aber auch Sie, sich offensichtlich belästigt fühlen, müssen Sie eingreifen. Hierzu ein Maßnahmenkatalog von dezent bis deutlich:

- Sie unterbrechen sich mitten im Satz und schauen direkt in die Ecke der „Störenfriede", so lange, bis diese merken, sie sind gemeint. Danach können Sie freundlich nicken und mit Ihrem Vortrag fortfahren.

- Falls das nur kurzfristig wirken sollte, deutlicher reagieren: „Herr B. und Frau S., bitte führen Sie Ihre Gespräche in der Pause fort."

- Noch deutlicher, aber nicht unfreundlich: „Herr S. und Frau B., Sie können gern das, was Ihnen zum Vortrag durch den Kopf geht, laut sagen, vielleicht ist es ja für alle interessant."

- Die anderen einbeziehen: „Ich würde gern in meinem Vortrag fortfahren, aber ich kann mich nicht konzentrieren, wenn Unruhe im Raum herrscht" , dann Angebote machen, etwa: „Sollen wir eine kurze Ausspracherunde von etwa fünf Minuten machen?" Bei Ablehnung könnten Sie auch eine kurze Unterbrechung vorschlagen.

8

Was tun, wenn Hörer die Mitarbeit verweigern?

Wenn Sie eine Übung in Kleingruppen machen und einige machen nicht mit, kümmern Sie sich bitte persönlich um diese Personen. Auch wenn sie trotzdem nicht mitmachen sollten, haben diese Hörer zumindest den Eindruck, dass Sie sich um sie bemühen.

Praxis-Tipps:

- Vorträge immer pünktlich beenden, denn Sie verärgern die Hörer, die pünktlich gehen wollen, weil diese vielleicht noch einen weiteren Termin haben. Ich empfehle Ihnen deshalb, lieber Abschnitte wegzulassen und auf gar keinen Fall schneller zu reden. Das ist eine „Todsünde", weil es dem Hörerkreis ganz deutlich zeigt, Sie wollen Ihren Stoff loswerden anstatt den Hörern etwas zu bieten.

150

- Wenn Sie ganze Abschnitte weglassen, trösten Sie sich damit, dass die Hörer nicht wissen, was Sie in der Eile alles weglassen. Wenn Sie geschickt sind, lässt sich manchmal einiges davon in der Diskussion unterbringen.

Übung: „Der heiße Stuhl"

Es kommt bisweilen vor, dass Sie sich nicht nur gegenüber einem Menschen selbst behaupten müssen, sondern dass Sie mit einer Gruppe konfrontiert werden, die Ihnen überwiegend kritisch bis negativ eingestellt ist.

Solche Situationen fürchten wir meist. Doch wenn Sie gelassen und souverän bleiben, haben Sie gegenüber der Gruppe einen großen Vorteil: Sie müssen nur Ihren Kopf koordinieren, während sich die Gruppe als Gruppe nicht so schnell findet, so dass Sie es mit lauter Individuen mit unterschiedlichen Interessen und Bedürfnissen zu tun haben.

Bei welchen Gelegenheiten kann es Ihnen passieren, dass Sie sich gegenüber einer Gruppe behaupten müssen?

8

- Sie haben einen Vortrag gehalten und ein Teilnehmer erwischt bereits mit der ersten Frage eine Schwachstelle Ihres Vortrags. Nachdem Sie vielleicht etwas ungeschickt geantwortet haben, wollen gleich drei Hörer auch etwas sagen oder fragen und schon sitzen Sie auf dem „heißen Stuhl".

- In einer ganz „normalen" Besprechung kann es sein, dass Sie etwas sagen und alle stürzen sich wie die Geier auf Sie. Vielleicht haben Sie eine tabuisierte Meinung vertreten, indem Sie in einem Frauengremium angeregt haben, doch zukünftig auch Männer einzuladen oder umgekehrt.

- Oder Sie werden für ein Terminversäumnis vor drei anwesenden Kunden von Ihrem Chef zur Rede gestellt und müssen klar machen, dass es nicht Ihre Schuld war, dass der Auftrag an eine andere Firma ging.

Fragen gekonnt beantworten

- Pressekonferenz: Sie müssen vor einer Runde von Journalisten als Pressesprecher oder Pressesprecherin die geplante Stilllegung eines Werkteils vertreten.

In solchen Situationen reagiert unser Alarmprogramm besonders heftig. Denn es scheint gefährlicher zu sein, sich gegenüber vielen zu behaupten als gegenüber einer Person. Das gilt sicher für körperliche Angriffe, doch bei verbalen Angriffen sind Sie keineswegs in der schwächeren Position. Genau das soll im Rahmen der Übung „Der heiße Stuhl" erlebt und gezeigt werden.

Erläuterungen zum Übungsablauf

Wählen Sie zusammen mit Freunden eine der obigen oder eine vergleichbare Situation aus. Sie setzen sich vor die anderen auf den „heißen Stuhl" und vertreten eine Meinung, von der Sie auch wirklich überzeugt sind, etwa: „Ich bin der Meinung, dass Kinder kein Taschengeld bekommen, sondern sich selbst Geld verdienen sollten, damit sie lernen, dass man …" Die anderen haben nun die Aufgabe, Sie ca. fünf Minuten lang mit möglichst unqualifizierten Fragen wie „Das können Sie dem Weihnachtsmann erzählen" oder „Das kann jeder behaupten" zu konfrontieren und Sie sollen möglichst souverän reagieren.

Nach fünf Minuten wird die Übung abgebrochen und gefragt: Wie haben Sie sich auf dem heißen Stuhl verhalten? Was war positiv, was war negativ? Am Ende der Aussprache kann die Videoaufzeichnung – falls eine gemacht worden ist – gemeinsam angeschaut werden.

Was die Übung zeigt

- **Es ist nicht nötig, schlagfertig zu sein:** Ganz im Gegenteil, die Schlagfertigen bringen sich oft in Schwierigkeiten, weil sie dadurch meist auf demselben niedrigen Niveau zurückschlagen.

  Sie haben damit zwar häufig die Lacher auf Ihrer Seite, langfristig schadet die Schlagfertigkeit aber einem positiven Image, das sicher die meisten von Ihnen anstreben.

- **Es ist sinnvoll, Zeit zu gewinnen, um kontrolliert reagieren zu können:** Dann wird es nämlich für die angreifende Person gefährlich.

- **Übung macht es möglich, auch unter dem Einfluss der Stresshormone bestimmte Techniken anzuwenden, die Zeit zu einer angemessenen Reaktion verschaffen:** Die einfachste Technik in einer solchen Situation ist oft die schlichte Gegenfrage: „Wie bitte?", wobei der Tonfall jeweils sehr unterschiedlich sein kann, vom neutralen Tonfall bis zum entrüsteten.

- **Es ist äußerst gefährlich, die angreifende Person nicht ernst zu nehmen:** Das wird nämlich als Missachtung gewertet und rächt sich, indem die Stimmung meist noch feindseliger wird.

Beispiel:

> Angreifer: „Sie haben ja Stacheldraht im Kopf."
>
> Sie: „Nein, Maschendraht!"

- **Es ist am sinnvollsten, möglichst immer aus dem Erwachsenen-Ich heraus zu agieren:** Angreifer agieren in der Regel aus dem Eltern-Ich und provozieren damit eine Reaktion aus dem Kind-Ich. Doch wenn Sie die zeigen oder ebenfalls aus dem Eltern-Ich heraus zurückschlagen, etwa „Wie reden Sie denn mit mir?", eskaliert oft die ganze Situation.

8

- **Richtig dosierter Humor kann eine „entwaffnende" und entspannende Wirkung haben:** Übrigens, Witze auf eigene Kosten gehen nur selten daneben. Oder: „Wem soll ich jetzt zuerst antworten?"

- **Rechthaberei auf dem „heißen Stuhl" ist dumm:** Es ist psychologisch sinnvoller, nicht über den anderen zu triumphieren, sondern sich so zu verhalten, dass der andere „sein Gesicht wahren kann".

- **Es kommt darauf an, immer wieder den guten Willen zu betonen und die gestellten Fragen zu beantworten:** „Ich beantworte Ihre Fragen gern, aber bitte stellen Sie sie nacheinander."

Anti-Ärger- und Stress-Strategien

9

Negative Stimmungen und Gefühle positiv beeinflussen

Gedanken umlenken

Spielen Sie zukünftig das „Stoppspiel", das heißt stoppen Sie sich bei negativen Gedanken selbst. Sagen Sie zu sich innerlich oder auch laut „Stopp" und denken Sie dann an etwas anderes. Sie können sich überlegen, was Sie heute noch alles erledigen sollten, oder Sie denken an etwas Angenehmes, an etwas, was Ihnen sehr viel Spaß macht. Diese Technik, auch „kognitive Kontrolle" genannt, muss geübt werden.

In vergleichbarer Weise können Sie Ihre Stimmungen und Gefühle steuern, denn auch hier gilt:

- Sie können nur ein Gefühl zur gleichen Zeit empfinden.

- „Das stärkere Gefühl besiegt das schwächere."

Praxis-Tipp:

Bei kleinem Ärger: Eine Minute lächeln. Kontrollieren Sie sich mit der Uhr. Sie werden erstaunt sein, wie lang eine solche Minute ist und wie wenig trainiert Ihre Gesichtsmuskeln für eine solche Dauerleistung sind.

9

Sich etwas Gutes tun statt sich zu bestrafen

Manche Menschen verwechseln Selbstliebe mit Egoismus. Doch wie kann ich anderen Menschen Liebe und Zuneigung entgegenbringen, wenn ich diese Gefühle nicht auch für mich selbst empfinde? Deshalb ist Selbstliebe die Voraussetzung dafür, mit sich und anderen klarzukommen.

Jeder kann sich selbst eine Freude machen oder sich etwas Gutes tun. Denn wenn Sie sich gut fühlen, können andere Menschen Sie viel weniger verletzen oder ärgern. Vielleicht werden Sie dann sogar von anderen für Ihre Ausgeglichenheit bewundert. Doch Ausgeglichenheit ist nicht Schicksal, sondern geschicktes Selbstmanagement.

Praxis-Tipp:
Nehmen Sie sich jeden Tag drei Dinge vor, die Ihnen Spaß machen.

Ist Ihnen schon aufgefallen, dass „Glücklichsein" relativ wenig mit äußeren Umständen zu tun hat? Gewöhnen Sie sich deshalb an, sich ganz gezielt über Kleinigkeiten zu freuen, zum Beispiel über eine einzelne Blüte, ein Eichhörnchen, das über die Straße läuft, über den frisch gebrühten Kaffee, über den Sonnenaufgang, ... Und vor allem, genießen Sie Ihr Leben jeden Tag neu.

Bei „Mensch ärgere dich nicht" gewinnen

Versuchen Sie nicht, jeden Ärger zu verdammen. Ärger macht dann Sinn, wenn Sie einen Nutzen für sich daraus ziehen. Ärger ist oft die Voraussetzung, dass man handelt, etwa sich zu beschweren, weil der Betrag einer Rechnung nicht stimmte, oder dass man endlich einen Handwerker bestellt, weil der Rollladen klemmt. Ärger ist ein sehr nützliches Gefühl, wenn Sie etwas ändern können, um den Ärger abzustellen.

Verschwindet der Ärger, wenn man darüber redet?

Nein, Ärger verschwindet nicht, wenn Sie oft darüber reden. Denn jedes Mal, wenn Sie darüber reden, werden wieder die gleichen Stresshormone aktiviert, wie in der realen Situation. Sie können Ihren Ärger kultivieren, indem Sie noch jahrelang darüber berichten.

Sich körperlich abreagieren

Warum joggen so viele Menschen oder gehen mehrmals wöchentlich in ein Fitness-Studio? Es hält sie nicht nur körperlich, sondern auch seelisch fit.

Mein Nachbar ist ein eifriger Holzhacker und reagiert offensichtlich bei dieser Arbeit einen gewissen Frust ab. Besonders lange

Anti-Ärger- und Stress-Strategien

Spaziergänge schaffen Abstand und lassen die Gedanken frei. Finden Sie deshalb für sich eine entsprechende Methode.

Was ist Ihre Methode, Stress und Ärger auch körperlich abzureagieren?

....

....

....

Ruhe, Stille, Einsamkeit

Versuchen Sie sich täglich etwa 20 Minuten dem Zivilisationslärm zu entziehen. Wenn es zu Hause nicht geht, weil immer irgendjemand von Ihnen etwas will, müssen Sie kreativ werden.

Wenn Sie nach einem anstrengenden Tag im Auto nach Hause fahren, legen Sie vorher noch eine 20-minütige Entspannungsphase ein. Halten Sie auf einem Parkplatz oder an einer anderen geeigneten Stelle – und kommen Sie dann ruhig und gelassen zu Hause an.

Checkliste: Anti-Ärger- und Stress-Techniken

- Handeln statt ärgern, grübeln oder sich Sorgen machen.
- Bewusst an etwas denken, das Sie in eine positive Stimmung versetzt
- Eine Minute: „Lächeln statt ärgern."
- Etwas tun, was Ihnen Spaß macht.
- Sich körperlich abreagieren.
- Ruhe, Stille, Einsamkeit suchen.

9

Checkliste: Mit aggressiven Fragen, Vorwürfen und Angriffen souverän umgehen

Um Ihnen die Umsetzung dessen, was Sie in diesem Buch gelesen haben, zu erleichtern, hier einige Merksätze. Es lohnt sich, davon eine Kopie zu machen, um sie immer griffbereit zu haben und sie sich hin und wieder anzuschauen. Vielleicht merken Sie mit der Zeit, dass es tatsächlich möglich ist, sich diese Verhaltensweisen bewusst anzueignen.

Allgemeine Grundsätze

- Erst zuhören, dann denken, dann reagieren.

- Wenn Ihnen an einer friedlichen Lösung gelegen ist, immer wieder Ihre positive Absicht kundtun.

- Wenn Sie von jemand etwas wollen: Erst begründen, dann fragen. „Damit ich Ihnen helfen kann, brauche ich die Lieferscheinnummer" oder: „Ich möchte Ihnen gern helfen. Würden Sie mir bitte die Lieferscheinnummer sagen?"

- Nie direkt widersprechen, etwa: „Das sehen Sie völlig falsch" oder „Sie sind ja parteiisch", sondern: „Das mag aus Ihrer Sicht richtig sein, …" oder: „Wie kommen Sie zu dieser Einstellung?"

- Verständnis zeigen oder es offen lassen: „Mag sein."

- Vorteile aufzeigen, die jeder von einer Einigung hat.

Bei Angriffen und Vorwürfen

- Angreifende Person häufiger mit Namen ansprechen, um zu zeigen, dass man sie ernst nimmt.

- Anders reagieren als erwartet, etwa bei Angriffen nicht verteidigen, sondern helfen!

- Bei unverschämten Angriffen: „Bitte fair bleiben", oder ein erstauntes: „Wie bitte?"

- Vorwürfen – soweit berechtigt – zustimmen: „Stimmt, die Ware wurde falsch geliefert."

- Bei pauschalen Vorwürfen immer um Konkretisierung bitten: „Was konkret meinen Sie?"

Anti-Ärger- und Stress-Strategien

- Nur auf den Inhalt eingehen und den vorwurfsvollen Ton überhören.

- Statt sich nur zu entschuldigen (bei berechtigten Vorwürfen), Lösung des Problems anbieten.

- Oder ein entwaffnendes „Warum sagen Sie das?"

Selbstbehauptung

- Ich-Botschaften statt Schuldzuweisungen: „Ich bin wütend ..."

- Zu sich und seinem Verhalten stehen: „Ich tue mein Bestes."

- Statt zu kuschen: Klar sagen, was man will und was man nicht will.

9

Zusammenfassung: Das „Sternmodell" der vier Reaktionsmöglichkeiten

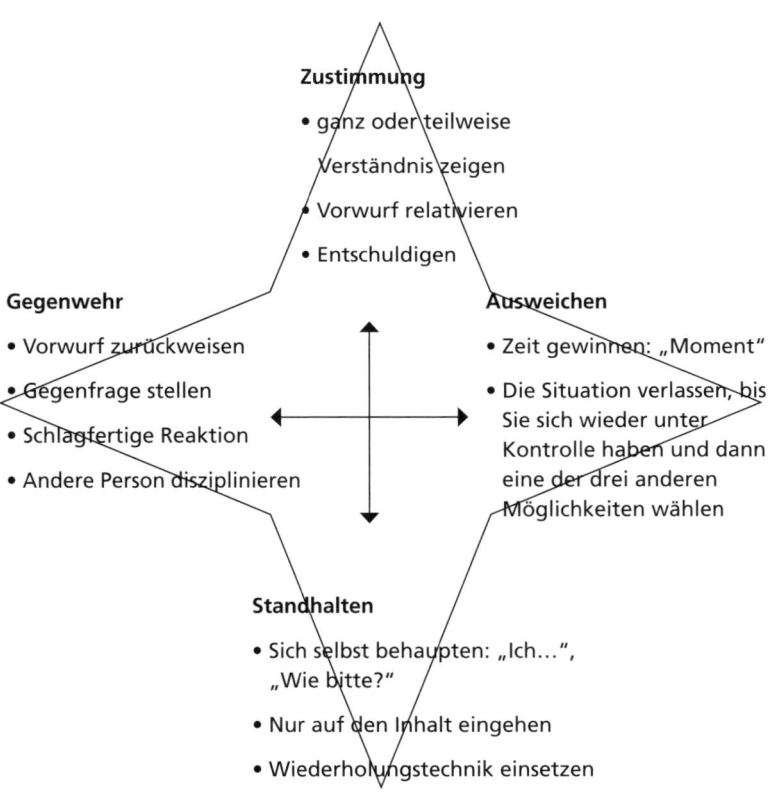

Zustimmung

- ganz oder teilweise
- Verständnis zeigen
- Vorwurf relativieren
- Entschuldigen

Gegenwehr

- Vorwurf zurückweisen
- Gegenfrage stellen
- Schlagfertige Reaktion
- Andere Person disziplinieren

Ausweichen

- Zeit gewinnen: „Moment"
- Die Situation verlassen, bis Sie sich wieder unter Kontrolle haben und dann eine der drei anderen Möglichkeiten wählen

Standhalten

- Sich selbst behaupten: „Ich…", „Wie bitte?"
- Nur auf den Inhalt eingehen
- Wiederholungstechnik einsetzen
- Offenlassen: „Mag sein…", Offenlegung der Taktik
- Neutral gucken

10

Quellenverzeichnis

Asgodom, Sabine: Eigenlob stimmt, Econ Verlag

Birkenbihl, Vera: Der persönliche Erfolg, mvg Verlag

Coué, Émile: Die Selbstbemeisterung durch bewußte Autosuggestion, Schwabe & Co. AG Verlag

Fey, Gudrun: Reden macht Leute. Vorträge gekonnt vorbereiten und präsentieren, Trainingsbuch zur Rhetorik, Walhalla Fachverlag

Fey, Gudrun: Selbstsicher reden – selbstbewusst handeln. Rhetorik für Frauen, Walhalla Fachverlag

Fey, Heinrich und Fey, Gudrun: Redetraining als Persönlichkeitsbildung, Praktische Rhetorik zum Selbststudium und für die Arbeit in Gruppen, Walhalla Fachverlag

Harris, Thomas, A.: Ich bin o.k. Du bist o.k. Wie wir uns selbst besser verstehen und unsere Einstellungen zu anderen verändern können. Eine Einführung in die Transaktionsanalyse, rororo

Kotthoff, Helga: Das Gelächter der Geschlechter – Humor und Macht in Gesprächen von Frauen und Männern, Universitäts-Verlag

Merkle, Rolf: Auch Du kannst mehr aus Deinem Leben machen, PAL Verlag

Minker, Margaret: Selbstwert statt Marktwert, Gräfe & Unzer Verlag

Seligman, Martin: Pessimisten küßt man nicht. Optimismus kann man lernen, Knaur Verlag

Schulz von Thun, Friedmann: Miteinander reden 1 – Störungen und Klärungen/Miteinander reden 2 – Stile, Werte und Persönlichkeitsentwicklung, Rowohlt Verlag

Walther, George: Sag, was du meinst, und du bekommst, was du willst. – Mit Power Talking zum Erfolg, Econ Verlag

11

CDs und DVDs von und mit Gudrun Fey, study & train

Gelassenheit siegt! 1 CD

Nie mehr Lampenfieber! 1 DVD

Sag's positiv. Power Talking – Der neue Weg zum Erfolg, 1 CD

Souverän umgehen mit Fragen, Vorwürfen und Angriffen, 1 CD

Seminare mit Gudrun Fey

Unsere Firma „study & train" veranstaltet offene Seminare zu folgenden Themen:

- Rhetorik mit Power: Überzeugend auftreten und reden
- Souverän umgehen mit Fragen, Vorwürfen und Angriffen
- Kompetent und kundenfreundlich telefonieren

Natürlich führen wir auch gerne In-House-Seminare durch. Außer den oben genannten Themen kommen noch hinzu:

- Machen Sie mehr aus Ihrem Leben und Ihrem Beruf (Selbst- und Zeitmanagement)
- Mehr Erfolg durch Teamarbeit
- Gesprächs- und Verhandlungsführung
- Vortrags- und Präsentationstraining

Meine Trainerkollegin Johanna Schott führt ebenfalls Seminare zu diesen Themen durch.

Seminare finden nicht immer zu dem Zeitpunkt statt, wenn man sie braucht. Nutzen Sie auch unsere CDs und DVDs (siehe „Quellenverzeichnis") zur individuellen Weiterbildung, zum Beispiel beim Auto- oder Zugfahren.

Wenn Sie an unserem Seminarangebot interessiert sind, schicken wir Ihnen gerne weitere Informationen zu:

study & train
Gesellschaft für Weiterbildung mbH
Möhringer Landstraße 36
D-70563 Stuttgart
Tel. 0711/7 16 82 86 – Fax 0711/7 16 82 87
Internet: http://www.study-train.de
E-Mail: info@study-train.de

11

Schnell nachschlagen

11

Schnell nachschlagen

11

11

Schnell nachschlagen

11